UNE MYSTÉRIEUSE ÉGYPTIENNE

Du même auteur

L'Art aux yeux pers, Le Cherche-Midi, 1980, poésie. Prix Jean Christophe.
Torrent, R. E. M., Lyon, 1983, poésie. Album avec interprétation au piano.
L'Harmonie et les Arts en poésie, Monaco, 1986, anthologie.
Le Mythe en poésie, Monaco, 1986, anthologie.
Cœur chromatique, R. E. M., Lyon, 1986, poésie. Album avec interprétation au piano. Interprétation des textes avec Dominique Paturel.
Clair de symphonie, J. Picollec, 1987, roman.
Messaline, Robert Laffont, 1988, roman. Traduit en espagnol, portugais, grec, coréen, bulgare, polonais.
Le Druide, Sand, 1989, roman.
Au bord du Douro, Lizier, Luxembourg, 1989, poésie.
Les Louves du Capitole, Robert Laffont, 1990, roman. Prix littéraire de l'été 1990.
La Prostitution en Grèce et à Rome, Belles Lettres, 1990, histoire.
Le Crottin du diable, Denoël, 1991, roman. Prix de l'association de l'assurance et des banques, 1992.
Les Bonaparte, Critérion, 1991, histoire.
La Naissance des Jeux olympiques et le Sport dans l'antiquité, Belles Lettres, 1992, histoire.
Les Grandes Heures de la Grèce antique, Perrin, 1992, histoire.
Les Sévères, Critérion, 1993, histoire.
Les Schuller *, Presses de la Cité, 1994, roman.
Hannibal, France-Empire, 1995, histoire/biographie.
Paul Éluard, le poète de la liberté, Julliard, 1995, histoire/biographie.
Le Serment des quatre rivières (*Les Schuller* **), Presses de la Cité, 1995, roman.
Le Secret du pharaon, L'Archipel, 1996, roman.
Quand les athlètes étaient des dieux, Fleurus, 1996.
Périclès, Tallandier, 1997.
Les Histoires d'amour des pharaons, Michel Lafon, 1997.

Discographie

Beethoven, Debussy, Chopin, R. E. M., Lyon.
Beethoven, Debussy, Schumann, R. E. M., Lyon.

VIOLAINE VANOYEKE

UNE MYSTÉRIEUSE ÉGYPTIENNE

roman

l'Archipel

Si vous souhaitez recevoir notre catalogue
et être tenu au courant de nos publications,
envoyez vos nom et adresse, en citant ce
livre, aux Éditions de l'Archipel,
4, rue Chapon, 75003 Paris.
Et, pour le Canada,
à Édipresse Inc., 945, avenue Beaumont,
Montréal, Québec, H3N 1W3.

ISBN 2-84187-065-0

A Philippe

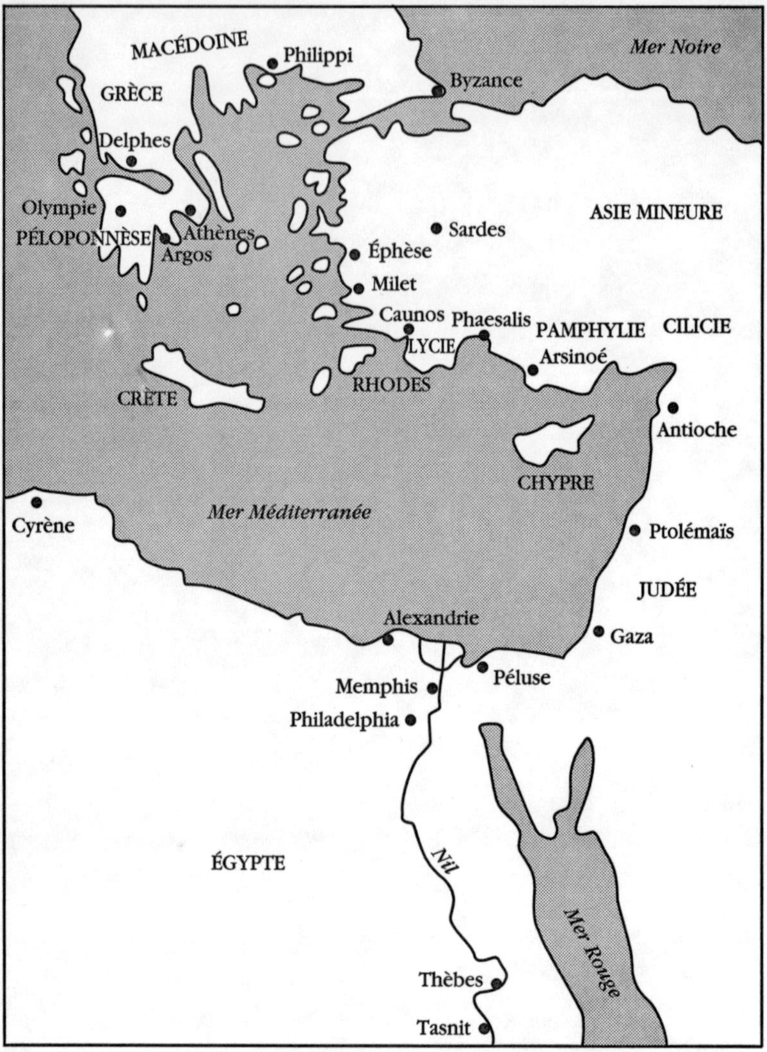

La Grèce, l'Asie Mineure et l'Égypte au temps des Ptolémées

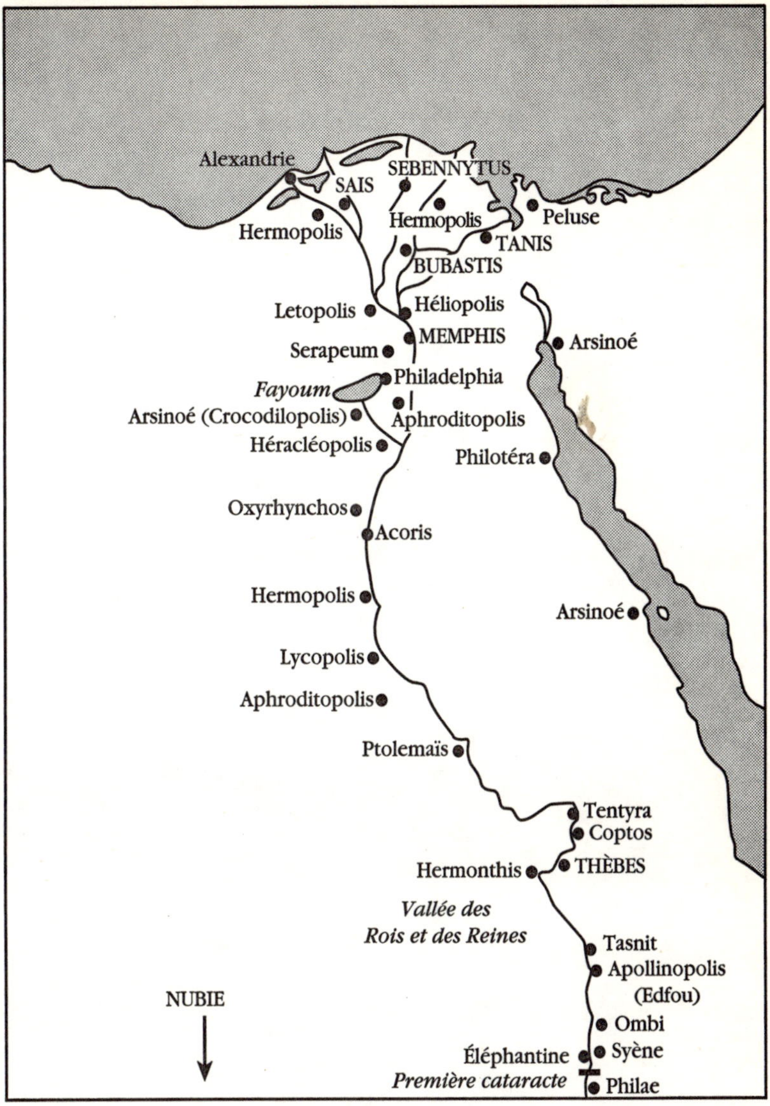

L'Égypte des Ptolémées

1

- Maintenant, tu peux être pharaon si tu le veux, murmura Héléna à Alexandros, les yeux remplis de larmes. Tu as accompli ton devoir envers ton oncle, le sage Kruptos. Tu as veillé sur ses vieux jours et tu lui as donné tous les soins dont il avait besoin. Les membres du Conseil de Philippi ne sauraient te reprocher d'avoir été négligent.

- Crois-tu vraiment que les membres du Conseil m'auraient emprisonné si je n'avais pas été présent pendant les derniers jours de sa vie ? Solon n'avait pas besoin de faire autrefois voter une loi condamnant à une amende et frappant d'atimie[1] ceux qui abandonnent leurs parents dans la misère pour que je fisse preuve de *génoboskia*[2].

Alexandros étouffa un sanglot.

---

1. Perte des droits de citoyen.
2. Devoir d'assistance aux personnes âgées.

– Je l'aimais et le respectais tant, ajouta-t-il.

– Je sais, dit Héléna en rassemblant les deux pans de sa cape en peau de chèvre sur sa poitrine.

– J'espère avoir respecté tous les rites funéraires dignes d'un si grand homme.

Héléna se contenta de placer sa main sur son bras pour le rassurer. Depuis la veille, elle avait vu son époux laver le corps de son oncle avec des parfums aux fragrances variées et le revêtir d'une simple tunique immaculée, la loi interdisant aux Grecs d'enterrer leurs morts avec plus de trois vêtements. Il l'avait entouré de bandelettes avec une extrême attention et avec des gestes lents qui ne lui étaient pas habituels. Puis il l'avait enveloppé dans un linceul. Il avait ensuite demandé à Héléna de l'aider dans le choix des bijoux dont il voulait parer son oncle. Parce que ce dernier vivait dans la plus grande sobriété, la jeune femme lui avait conseillé de choisir une bague et un bracelet et de placer les autres bijoux de famille que possédait Kruptos dans sa tombe, à côté d'un gâteau de miel destiné à calmer Cerbère, le chien des Enfers.

Malgré les réticences d'Alexandros, elle avait placé elle-même une obole dans la bouche du défunt pour payer au nocher Charon la traversée du fleuve des Enfers.

– Ce n'est plus guère dans nos usages en Macédoine, lui avait dit Alexandros.

– Mais ce le fut autrefois, avait répondu Héléna, et, en Égypte, nous sommes très attentifs aux volontés divines.

Héléna éloigna du lit d'apparat où était étendu Kruptos les lécythes disposés la veille sous le lit funéraire. L'oncle d'Alexandros avait été exposé dans le vestibule de sa maison, la tête orientée vers l'intérieur et les pieds vers la porte, comme le voulait la tradition.

La jeune femme remonta le coussin sur lequel reposait la tête de Kruptos couronnée de fleurs. Elle fit signe aux servantes, chargées de le protéger de la lumière et des insectes avec des ombrelles et des éventails, de passer dans une autre pièce. Seules restèrent autour du lit les pleureuses qui répandaient de la cendre sur leur chevelure, se griffant le visage et se frappant la poitrine en se lamentant ou en vociférant. Certaines levaient les bras au ciel.

– J'ai été très flattée d'avoir pu veiller Kruptos, murmura Héléna à Alexandros. Je n'étais ni sa sœur, ni sa mère, ni son épouse, ni sa fille…

– Mais tu étais sa cousine.

– Par alliance seulement.

– Il te considérait comme sa fille.

– Pourrai-je suivre le convoi funéraire ?

Alexandros lui prit la main.

– Où il se trouve aujourd'hui, Kruptos ne me pardonnerait pas de t'en empêcher. N'as-tu pas revêtu un habit de deuil ? Ne t'es-tu pas coupé les cheveux pour montrer ton chagrin ? Nous étions les seuls parents de Kruptos.

– Mais il comptait de nombreux amis. Tout le village attend pour lui rendre hommage.

– Laissons entrer les femmes. Le moment est venu.

Les pleureuses se placèrent de chaque côté du lit et entamèrent le thrène[1].

– Je reviens, dit Alexandros à Héléna. Je vais chercher l'eau lustrale chez nos voisins. Celle de cette maison n'est plus pure depuis que la mort a frappé ici et celle qui remplissait le vase que j'avais placé sur le seuil s'est évaporée. Nous ne pouvons plus nous asperger en sortant d'ici. J'ai seulement laissé le vase à l'entrée pour signifier aux habitants de Philippi qu'un homme était mort dans cette maison.

– Avant de partir, ne pourrais-tu répondre à ma question ?

– Laquelle ?

– Vas-tu devenir pharaon ?

– J'avoue ne pas y avoir suffisamment réfléchi. Mon père n'est pas mort. Il dirige toujours l'Égypte et rien ne laisse supposer qu'il me choisirait comme successeur. Quand bien même, sa famille ne l'admettrait peut-être pas.

1. Chant funèbre.

- Ptolémée ne t'a-t-il pas montré combien il tenait à toi ? N'était-il pas prêt à te nommer dioécète[1] et à te confier la direction de l'Égypte ?

- Ce temps est déjà loin. Depuis, Zeus a mille fois tonné et Poséidon a soulevé les océans.

- Je n'en suis pas si sûre. Ptolémée a envoyé des messagers jusqu'ici. Depuis qu'il est souffrant, il t'a plusieurs fois demandé de retourner à Alexandrie.

- Que souhaiterais-tu ?

- Ptolémée reste ton vrai père, même si Kruptos t'a élevé.

- Mais mon pays est ici.

- Affirmerais-tu devant moi que l'Égypte où tu es né n'est pas chère à ton cœur ? J'ai vu combien tu hésitais, différant ta réponse, lorsque les messagers égyptiens accostaient sur le rivage macédonien. Tu persistais à demeurer ici parce que Kruptos était en vie. Maintenant qu'Hadès va l'accueillir sur les rives infernales et qu'il va devenir Osiris, rien ne te retient à Philippi.

Alexandros sortit sur le pas de la porte et prit le vase à deux mains.

- Je comprends que tu souhaites retourner à Alexandrie. Ta famille y habite et tu ne l'as pas vue depuis longtemps.

- Je ne pense pas à moi, mais à toi. Un grand destin t'attend.

---

1. Haut fonctionnaire chargé des finances.

– Je n'ai que faire de cette destinée. L'étude et la recherche occupent tout mon temps. Le pouvoir et le faste ne m'intéressent pas.

– Laisserais-tu l'Égypte aux mains d'incapables ?

– Ptolémée a su former des hommes qui gouverneront efficacement.

– Permets-moi d'en douter. Grâce à mon père, qui avait un poste important au palais, je connaissais ceux qui l'entouraient.

– Héléna, j'ai fait un choix. Je ne suis pas homme à régner sur un peuple, d'autant qu'il est égyptien. Si mon père dirigeait la Macédoine, sans doute aurais-je envisagé la possibilité de lui succéder. Comment quitterais-je cette région qui m'est chère ? Comment pourrais-je m'imposer à Thèbes, à Memphis ou à Karnak ?

– N'ai-je pas tout laissé pour te suivre ?

Alexandros hocha la tête.

– Depuis qu'Arsinoé est morte, Ptolémée mène une telle vie de plaisir avec Bilistiché que sa santé en pâtit. Tout son peuple prie et le voilà de nouveau sur pied ! dit-il. Le pharaon peut honorer le dieu Chons de l'avoir guéri.

– On raconte qu'il a vieilli et qu'il a perdu ses cheveux. Il a grossi et se plaint d'un constant mal de jambe qui le tient éveillé toutes les nuits dans des douleurs épouvantables depuis le mois de Dios[1].

– Ne cherche pas à m'attendrir.

- Mais le jeune Ptolémée n'a qu'une dizaine d'années. Comment gouvernerait-il, à son âge ?

- Oublierais-tu les exigences du peuple égyptien ? Un pharaon doit se marier avec l'une de ses sœurs afin que le sang royal reste pur de toute souillure. Je n'ai pas de sœur. Et si j'en avais une, que deviendrais-tu ?

- Ptolémée n'a pas eu d'enfant avec sa seconde épouse. Arsinoé Philadelphe a éliminé tous ceux qui pouvaient convoiter le trône. Quand elle fut rendue à Rê pendant le mois de Pachôns[1], Arsinoé était déjà divinisée. Ptolémée a fait de l'Égypte une telle puissance que tu n'aurais qu'à poursuivre leur œuvre à tous deux.

- Je te le répète, Héléna, je ne suis que le fils du pharaon et d'une simple particulière. Le jeune Ptolémée est maintenant associé à son père sur le trône. Il est devenu son héritier.

- Pas encore. Pose ce vase et écoute-moi.

Alexandros s'exécuta à contrecœur. Ils s'assirent tous deux sur le banc cher à Kruptos, où le vieil homme méditait à l'ombre du treillage.

- Le royaume d'Égypte est devenu puissant. Ptolémée Sôtêr avait agrandi le pays de la Cyrénaïque, de la Phénicie, de la Coélé-Syrie et des Cyclades. Ton père Ptolémée s'est imposé en Asie Mineure. Il a envoyé un messager à Rome

---

1. Mois macédonien correspondant au mois de janvier.

1. Juillet.

pendant la guerre des Romains avec Pyrrhus, preuve qu'il est écouté dans le monde entier.

Alexandros montra quelques signes d'impatience.

– Il a ordonné de réaménager le sanctuaire de Nectanebo à Sebenytus pour le dédier à Isis et à Horus. Il a décidé d'entretenir l'Hellénium de Naucratis afin d'y honorer tous les dieux grecs. Il a choisi Tanis pour y faire construire un sanctuaire et vénère Isis à Philae. Ton père est adoré du peuple.

– Je te promets d'y réfléchir, dit Alexandros en se levant. Mais pas aujourd'hui. Mon cœur est prisonnier des larmes.

Le lendemain, bien avant le lever du soleil, afin que l'apparence de la mort ne souillât pas l'astre éblouissant, le corps de Kruptos fut emmené loin de chez lui. Alexandros fit des libations pour honorer les dieux, puis le cortège se mit en marche. Il demanda à ses esclaves de l'aider à porter le lit funéraire de son oncle et le déposa sur un char traîné par des mulets. Une femme se plaça en tête du cortège en tenant un vase à libations à bout de bras. Les amis suivaient, puis Héléna, encadrée de joueurs de hautbois.

Le cortège gagna la sortie du village. Là fut brûlé le corps de Kruptos, au pied de la colline où était adossé le théâtre de Philippi. Ses cendres et ses ossements furent placés dans un linge, puis dans une urne. Alexandros offrit un conge de vin et un peu d'huile à celui qu'il avait chéri.

– Rentrons, dit-il à Héléna après la cérémonie, tandis que les Macédoniens se dispersaient en direction de la place publique.

Héléna et Alexandros se lavèrent abondamment et prirent un repas funèbre.

Dès l'aube, la jeune femme purifia la maison avec de l'eau de mer et de l'hysope. Le troisième et le neuvième jour, tous deux invitèrent les amis de Kruptos à un immense banquet accompagné de sacrifices, qui s'acheva tard dans la nuit.

Ce fut au lendemain du trentième jour après la mort de Kruptos, également fêté, qu'un ambassadeur égyptien se présenta à Philippi. Il souhaitait parler en personne à Alexandros.

2

Le messager envoyé par Ptolémée fut reçu selon les règles de l'hospitalité grecque. Alexandros l'accueillit dans la maison de Kruptos qu'il habitait avec Héléna.

Deux jours plus tard, le Macédonien embarquait pour l'Égypte, soit qu'il se rangeât aux arguments convaincants du héraut égyptien, soit qu'il eût lui-même envisagé son départ depuis longtemps. Si Alexandros avait en effet décidé de vivre en Grèce, il ne se passait pas une journée sans qu'il ne songeât à son père, le pharaon Ptolémée, qu'il avait connu trop tard pour être irrésistiblement attiré par le pouvoir.

Recueilli, à la mort de son beau-père et de sa mère, par son oncle, qui l'avait emmené d'Alexandrie en Macédoine, Alexandros était plus doué pour les études historiques que pour diriger un pays, encore que la première activité ne fût pas incompatible avec la seconde.

Le messager égyptien lui avait remis une lettre habilement rédigée par Ptolémée qui insistait sur le malaise que ressentaient les Hellènes face à la tyrannie du roi macédonien Antigone. Ce dernier avait placé des garnisons à Corinthe, au Pirée et à Chalcis. Il avait nommé des tyrans dans de nombreuses villes, notamment à Argos, à Elis et à Sicyone, ayant à sa disposition toutes les forces de la Grèce.

*

« Arsinoé aurait souhaité que les fils de Lysimaque héritassent du trône de Macédoine, avait écrit le pharaon. Quelle heureuse circonstance si un roi allié de l'Égypte pouvait s'imposer dans ta région ! Athènes, plus que toute autre ville, refuse de supporter plus longtemps le joug macédonien. Elle ne s'est manifestée ni pendant la guerre d'Antigone contre Antiochus, ni quand le roi de Sparte s'est révolté contre la Macédoine. Mais je sais aujourd'hui qu'un certain Chrémonide, nourri de philosophie, prépare un soulèvement. Zénon, qui fut aussi le maître d'Antigone, lui a appris à aimer son pays et sa liberté à un point tel que ce Chrémonide est prêt à sacrifier sa vie pour qu'Athènes ne souffre plus de la domination macédonienne.

« Athènes s'est rapprochée de Sparte et réclame notre aide. Elle souhaite faire alliance avec plusieurs cités du Péloponnèse, avec les villes achéennes regroupées en confédération, des Arcadiens et des Crétois. Athènes s'apprête à lutter contre les garnisons macédoniennes. Je ne souhaite pas, pour ma part, entreprendre une expédition onéreuse et dangereuse pour Alexandrie. Or, je suis souffrant et mon fils Ptolémée est très jeune. Sans doute serais-tu pour moi le meilleur conseiller. Si Sérapis guide mes pas dans l'autre vie, tu prendrais naturellement ma succession.

« Porte-toi bien ! An 21, Artémisiós 10, Pachôns 9, le 1er mois de la saison de *Chémou*[1]. »

*

Alexandros avait entendu dire qu'Antigone avait l'intention d'envoyer une escadre devant Athènes si celle-ci ne reconnaissait pas l'hégémonie macédonienne. Lui-même n'avait jamais apprécié la forfanterie et la cruauté du dirigeant macédonien. Mais devait-il laisser le pharaon Ptolémée aider les Athéniens contre ses compatriotes ?

---

1. L'an 21 du règne de Ptolémée II, au mois égyptien de Pachôns (juin-juillet) et au mois macédonien d'Artémisios, soit le 1er juillet 267 avant Jésus-Christ.

Alexandros et Héléna quittèrent le petit port de la côte macédonienne par une calme journée d'été. Un très faible vent poussait le navire égyptien glissant sur une mer peu agitée. Ils mouillèrent quelques jours plus tard à Éphèse.

Depuis que Milet avait été détruite et incendiée par les Perses, Éphèse avait consolidé sa position, devenant l'une des principales villes commerciales du monde. Lors de son escale dans la cité, Alexandre le Grand avait admiré le temple d'Artémis. Après son passage, son lieutenant Lysimaque avait fait draguer le port, presque inutilisable à cause des ensablements. Aussi la cité poursuivait-elle activement ces échanges commerciaux qui étaient à l'origine de sa prospérité.

Alexandros admira la muraille épousant les pentes du mont Pion et du mont Coressos, qui protégeait la ville. Quand ils arrivèrent à l'heure où le marché bat son plein sur l'*agora* commerciale, la foule était si dense qu'ils se frayèrent avec peine un passage sur la rue du port, pourtant large, menant des bains à la place publique. Des galeries et des boutiques étaient alignées des deux côtés de la voie ornée de colonnes et d'arcs de triomphe.

– Nous aurions dû accéder à l'*agora* par l'entrée du port, dit Alexandros à Héléna. Nous aurions évité cette foule.

Sur la place publique de forme carrée, les boutiques des côtés sud, ouest et est attiraient une foule hétéroclite. On distinguait à peine les statues des savants, des philosophes et des hommes politiques qui décoraient les angles de la place. Les badauds étaient moins nombreux à l'étage du côté est, construit en forme de portique dorique.

– La demeure de Paliris donne sur la rue suivante, dit l'Égyptien. Il nous faut descendre jusqu'à l'angle de celle-ci, longer les galeries et les boutiques et tourner devant la taverne.

Tous trois repartirent dès le lendemain à l'aube malgré la fatigue qui commençait à engourdir leurs membres. Un soleil blanc ivoirait l'Artémision qui veillait dans sa majestueuse grandeur sur les eaux d'Éphèse. Héléna rendit hommage à Artémis, la déesse inviolée. Elle contempla un long moment la statue de cette femme polymnaste, coiffée d'une tiare à trois étages en forme de temple rappelant que la déesse était la protectrice des villes, et sembla méditer sur le croissant symbolisant la lune qu'elle portait sur le front.

– J'espère que cette prière m'aidera à avoir de robustes enfants, dit-elle à Alexandros.

Le jeune Macédonien s'appuya en riant sur l'une des colonnes sculptées qui embellissaient la façade du temple.

– Quand je pense que ce fou d'Hérostrate a osé mettre le feu à ce lieu sacré le jour où est né Alexandre le Grand, dit Héléna.

- Cet acte odieux a permis aux Éphésiens de le reconstruire et d'en faire un gigantesque monument.

- Tu as raison. Alexandre a ainsi fait agrandir l'enceinte sacrée pour abriter les malheureux. Te rends-tu compte que ton grand-père, le pharaon Ptolémée Sôtêr, combattait aux côtés du grand Alexandre et qu'il a peut-être donné son avis sur la reconstruction de cet édifice ?

- Si les Éphésiens avaient accepté qu'Alexandre assumât les frais de la reconstruction et que le temple portât son nom, mon grand-père aurait pu intervenir. Mais face à leur refus de donner au temple le nom d'Alexandre, je doute qu'il ait pu donner son avis.

- Je suis sûre du contraire. Alexandre l'écoutait et la décision des Éphésiens ne l'a pas empêché d'étendre cette enceinte sacrée.

L'Égyptien vint les chercher. Le bateau était prêt. Des vivres avaient été rangés à bord.

- Nous ne pouvons guère nous arrêter souvent. Notre prochaine étape sera Phaesalis. Nous allons suivre la côte pour éviter les dangers de la pleine mer. Le voyage sera plus long, mais plus sûr. Les instructions que j'ai reçues de Ptolémée étaient formelles à ce sujet.

- Il aurait été tellement plus simple de traverser et de faire étape en Crète ou dans une île de moindre importance avant de rejoindre l'Égypte.

- Je sais, Alexandros, mais je ne puis transgresser les ordres. Nous longerons ensuite le rivage jusqu'à l'embouchure du Nil.

Héléna poussa un profond soupir.

- Je reconnais bien là ton père, dit-elle. Nous aurions dû voyager par nos propres moyens.

Toute nuée blanche s'estompa et disparut subitement dans le ciel, laissant place à un bleu pur et à un soleil déjà chaud.

- Hâtons-nous de partir pour bénéficier de la fraîcheur. S'il fait trop chaud, nous serons obligés de nous arrêter pour trouver de l'eau car les gourdes ne seront pas suffisantes. J'ai rempli tous les vases à boire.

Tandis que le navire s'éloignait d'Éphèse, Héléna regarda longtemps le fronton du temple qui dominait la mer. Quand ils arrivèrent à Phaesalis, d'autres bateaux avaient mouillé dans le port commercial de la petite cité. L'activité était dense aux abords du port. Les habitants venaient acheter aux marins du poisson ou des objets fabriqués en Grèce, des poteries, de l'huile ou des vins résineux. Les marchands s'installaient à l'ombre des pins qui bordaient le rivage. Des enfants débouchèrent en courant de la rue principale qui menait à l'autre port. L'air fut bientôt rempli d'odeurs de poissons grillés. Les femmes marchandaient avec autorité. Les montagnes alentour semblaient renvoyer l'écho de ces joyeux éclats de voix.

Alexandros se rendit aux bains pour se détendre, puis il accompagna Héléna au théâtre bâti en haut d'une colline, au cœur même de la cité, pour assister à une pièce comique d'Aristophane. Ils logèrent dans un petit hôtel situé non loin de la place publique où, dès l'aube, des hommes les réveillèrent en parlant bruyamment des questions qui allaient être débattues par le peuple et le Conseil le matin même.

3

Héléna ressentit un pincement au cœur en revoyant au loin le phare d'Alexandrie. Elle allait enfin embrasser sa famille après de si longs mois passés en Grèce. Plus le navire se rapprochait, plus son cœur battait. Il leur restait pourtant un long chemin à parcourir car son père Zénodote ne travaillait plus à la bibliothèque d'Alexandrie. Il s'était retiré à Tasnit, non loin de la Vallée des Reines. Aussi devraient-ils naviguer sur le Nil pendant plusieurs jours pour atteindre la cité que les Grecs appelaient volontiers la « ville des poissons », les animaux aquatiques y étant considérés comme sacrés. Un poisson avait même été embaumé et enseveli dans une nécropole de la cité.

Zénodote avait acquis un terrain à côté de Tasnit. Il avait choisi cette ville parce qu'il y faisait bon vivre et qu'elle était la principale cité du troisième nome de Haute Égypte. Son temple était dédié au dieu Khnoum et à Héka, le jeune dieu au pouvoir magique.

Zénodote possédait également un domaine dans l'île de Pilak, au nord de Tasnit, non loin de la chapelle dédiée à Isis, qui contemplait de son temple le Nil couler vers les cataractes. Ce n'était à cet endroit que tourbillons et courants agités par les îles et les roches qui encombraient le Nil. Mais ici, les cultures étaient nombreuses et la terre extrêmement fertile.

Dès qu'il apprit l'arrivée de son fils à Alexandrie, le pharaon fit préparer une grande fête. Il réunit les savants et les philosophes qu'il prisait le plus et sembla ne plus éprouver aucune douleur.

Héléna et Alexandros ne pénétrèrent pas dans le palais sans émotion.

– Vous avez sauvé Ptolémée, leur dit aussitôt Bilistiché, l'athlétique compagne du pharaon. Dès qu'il a appris que votre navire avait accosté dans le Grand Port, il s'est levé et a exigé qu'on le vêtît de ses plus beaux vêtements. Il veut même porter en ton honneur, Alexandros, la couronne de Haute et de Basse Égypte.

Alexandros la salua et la pria de ne pas se réjouir trop vite.

– Mon père veut me voir prendre sa succession. Mais je ne resterai pas à Alexandrie. Je suis venu le conseiller et l'éclairer sur la rivalité qui oppose aujourd'hui Athènes à la Macédoine afin que l'Égypte prenne la meilleure décision. Mais nous partons ensuite pour Tasnit.

- Où s'est retiré Zénodote ?

- Oui.

- Ton épouse s'est épanouie comme une fleur gorgée de soleil.

Alexandros sourit.

- Je suis de ton avis, dit-il en contemplant Héléna qui rougissait.

- Pendant que le divin Ptolémée s'apprête, je te propose d'aller te rafraîchir.

Alexandros accepta volontiers. Il lui fut doux de se délasser les membres dans une baignoire en marbre aux côtés de sa femme et de se laisser asperger par des Égyptiennes.

Tous deux avaient pris place dans des baignoires exceptionnellement grandes et profondes que Ptolémée avait fait fabriquer sur le modèle de celles que l'on trouvait à Sybaris.

La salle de bains n'était séparée de leur chambre que par un rideau pourpre orné de dessins dorés. Les esclaves apportèrent une cuvette peu profonde en métal qui reposait sur un socle à trois pieds se terminant en pattes de lionne et une large vasque portée par un pied en terre cuite. Une Égyptienne le remplit d'eau tiède après s'être lavé les mains avec une pâte onctueuse, puis elle frotta Alexandros avec une préparation faite de cendres et de bois qui lui rougit le corps.

Héléna préféra se laver elle-même. Elle fit verser dans son bain de multiples senteurs qui se répandirent bientôt dans toute la pièce. Elle confia ses mains à une habile esclave qui lui massa les doigts et lui peignit les ongles avec beaucoup d'attention, tandis qu'Alexandros donnait des instructions précises pour être rasé de près.

Quand ils descendirent dans la salle de réception, Alexandros et Héléna trouvèrent les serviteurs du palais en pleine effervescence. Les pièces, un peu froides bien que d'une grande beauté, semblaient s'être animées d'une douce chaleur. Les joues d'Héléna rosirent plus que si elle les eût couvertes d'orcanète.

- C'est dans ces instants privilégiés que je me rends enfin compte que j'ai épousé le fils du pharaon, dit-elle, émue.

Quand le pharaon, encadré de solides Égyptiens et porté sur une chaise au dossier sculpté rutilante de pierres semi-précieuses, arriva sur le seuil de la salle de réception, tous les invités s'étaient allongés sur des divans aux montants en bois doré. Les conversations allaient bon train. La plupart exerçaient leur virtuosité avec des mots d'esprit. De jeunes danseuses emportaient leurs voiles dans des circonvolutions d'une chorégraphie toute simple au son des tambourins. Les convives grignotaient des fruits secs, des gâteaux, des fèves et des pois chiches grillés qui excitaient la soif tandis que de sveltes esclaves remplissaient leurs coupes sans discontinuer.

Bilistiché attendait Ptolémée sans mot dire. Alexandros avait pris place à côté du divan de son père et de celui du jeune Ptolémée. Héléna côtoyait la compagne du pharaon.

Avant de pénétrer dans la pièce, Ptolémée se déchaussa selon la coutume grecque, puis il se fit laver les pieds. On plaça sur la tête du jeune Ptolémée qui l'accompagnait une couronne de guirlandes de feuilles, comme on l'avait fait pour l'ensemble des invités, ainsi que des ornements sur sa poitrine.

Une esclave vint déposer sur la petite table ronde d'Alexandros des vases remplis de mets.

– Quel décorum ! s'exclama le Macédonien.

– Ton père est de plus en plus attentif aux rites, lui répondit Bilistiché.

– Je l'ai connu plus simple et plus spontané.

– Les honneurs dont on l'entoure le contraignent à agir ainsi.

Alexandros se lava les mains dans un bassin que lui tendait un Égyptien vêtu d'un simple pagne, puis il prit la coupe de vin aromatisé que lui tendait Bilistiché, qui l'avait reçue elle-même d'Héléna. Chaque convive buvait une gorgée de ce vin avant de goûter à des plats consistants.

Alexandros s'essuya les doigts avec des boulettes de mie de pain qu'il jeta à terre. Il regarda son père s'avancer avec majesté en tenant son fils par la main. Il lui suffit de croiser son regard pour comprendre que le pharaon était heureux de le revoir.

– Le jeune Ptolémée a grandi, dit Alexandros en constatant que l'enfant avait déjà le port altier des princes.

– Certes, Alexandros, lui répondit le roi. Mais il n'est pas assez grand pour régner. Je te remercie d'avoir enfin répondu à mon invitation. Tu t'es fait prier.

Alexandros n'eut pas le temps de répondre.

– Je sais ce que tu vas rétorquer, lui dit le pharaon. Un vieil homme avait besoin de toi. Il t'avait élevé et tu lui devais d'être à son chevet pendant les derniers jours de sa vie.

– N'avais-je pas raison ?

– Si.

Le pharaon se tourna vers Héléna, qu'il complimenta pour sa beauté.

– Ce vieux singe de Zénodote a accompli là son plus éclatant exploit.

Il resta un instant songeur pendant que la salle embaumait de fortes senteurs. Certains convives s'étaient mis à jouer de la lyre à tour de rôle. D'autres déclamaient des vers en tenant une branche de laurier ou de myrte. Tous se rafraîchissaient entre deux prestations. Des acrobates accomplissaient leur numéro au centre de la pièce sans qu'on leur accordât une attention soutenue.

- Tu m'as l'air de te bien porter, dit Alexandros à son père. Je te croyais souffrant.

- La nouvelle de ton retour a été pour moi plus efficace qu'une potion médicinale. J'avais besoin de te parler et de te demander conseil.

- N'as-tu pas d'autres enfants à interroger ?

- Ils vivent loin de moi et me semblent peu aptes à donner un avis éclairé sur les affaires grecques.

Les propos du pharaon avaient été entendus. Alexandros se sentit observé avec hostilité.

On attendait sa réponse.

- Je ne crois pas que l'endroit soit bien choisi pour discuter de la politique grecque. Le maître de la Macédoine n'est guère populaire en Grèce et il est aisé de le comprendre. Ses manières sont celles d'un tyran. Il impose ses volontés sans écouter les conseils. Sa seule volonté est que la Macédoine domine l'ensemble de la Grèce.

- Cette politique ne doit pas te déplaire…

- Je n'ai jamais approuvé les tyrans.

- Mais tu aimes ton pays. Or, Athènes ne supporte plus l'hégémonie macédonienne.

- Athènes a eu son heure de gloire, répondit Alexandros. Se préoccupait-on alors de savoir si les Macédoniens l'acceptaient ou non ?

- Serais-tu en train de me dire que je ne dois pas envoyer d'aide à Athènes et que l'Égypte doit prendre le parti de la Macédoine ?

Alexandros n'avait guère envie de s'exprimer en sentant tous les regards braqués sur lui.

– Je ne sais. Les Macédoniens n'ont peut-être pas non plus le maître qu'il leur faudrait.

– Ce serait là une occasion d'en changer.

– Au risque de perdre l'hégémonie et de voir Athènes s'imposer de nouveau ?

– Tu ne m'aides guère, répondit Ptolémée.

– Je te fais un tableau de la situation. Je ne suis pas pharaon. Toi seul peux prendre une décision. Je suis sûr qu'elle sera sage et judicieuse.

Alexandros s'excusa aussitôt. Il jugeait sa réponse froide et laconique.

– Je sais ce que tu attends de moi, dit-il, et cet espoir que tu portes en toi me contrarie car je ne pourrai y répondre favorablement. J'ai besoin de connaître le peuple égyptien pour y réfléchir plus précisément. Il me faut m'imprégner de ses coutumes, de ses croyances, de ses goûts.

– Je n'ai pas eu besoin de connaître le peuple égyptien pour le diriger.

– Il est vrai, mais je ne te ressemble pas. Laisse-moi m'imprégner de ce pays avant de t'apporter une réponse. Laisse-moi voyager, rencontrer des paysans, des ouvriers.

– Là n'est pas ton rôle ! Tu es fils de pharaon, ne l'oublie pas !

– Si tu veux, un jour, obtenir de moi une réponse claire, permets-moi de comprendre l'Égypte.

– Soit. Et comment comptes-tu t'y prendre ?

– Nous allons voyager jusqu'à la Vallée des Reines.

– Chez Zénodote ?

– Oui. Héléna veut embrasser sa famille. Je m'installerai quelque temps là-bas.

– Alors, accepte de diriger cette région pour moi. Je donnerai des ordres dès demain. Tu seras accueilli par le responsable du domaine de Tasnit.

– Non, répondit aussitôt Alexandros. Donne-moi seulement un bon bateau et nous voguerons jusqu'à Tasnit sans escorte. Nous ferons escale à Héliopolis, à Memphis, à Oxyrhynchos, à Hermopolis et à Abydos.

– Je vois que ta décision est prise et que rien ne te fera changer d'opinion.

Héléna tentait de distraire le jeune Ptolémée. Elle écoutait discrètement les réponses d'Alexandros, sans toutefois l'approuver.

– Non, rien ne changera mes plans, dit Alexandros.

Le pharaon parut contrarié.

– Plaise à Sérapis que tu apprennes vite et que tu fasses le bon choix..., murmura-t-il. Les dieux t'ont fait naître pour devenir le maître de l'Égypte.

– Comment peux-tu en être si persuadé ? demanda Alexandros, soudain effrayé par le regard noir que lui lançaient au même moment un groupe d'hommes attentifs à leurs propos, que l'on eût dit prêts à comploter. Tu parles en ton nom.

– Et cela suffit ! répondit sèchement Ptolémée. Nous ne vivons pas en Grèce, mais en Égypte !

Alexandros s'imagina un instant vêtu comme son père et coiffé de la double couronne. Cette coiffure lui interdisait tout mouvement brusque. Il était figé dans une immobilité presque totale. Son pagne plissé était soutenu par une ceinture à boucle large où était gravé son cartouche sur le modèle des anciens pharaons. Un collier de pièces d'or percées ornait sa poitrine. Du fermoir plat jaillissaient des tiges de fleurs souples et dorées.

Un autre collier de perles, plus large que le précédent, était attaché sur sa nuque à l'aide de deux cordons. Les perles étaient en forme de larmes et d'olives.

Le pharaon semblait faire beaucoup d'efforts pour ne pas baisser la tête sous le poids de tant de richesses. Le plus impressionnant de ses bijoux était sans doute son pectoral rutilant de couleurs turquoise, ocre et rouge, qui n'excluait ni les bracelets à l'épaule, aux poignets et aux chevilles, ni les breloques qui émergeaient de la double couronne.

Comme s'il avait deviné ses pensées, Ptolémée se tourna vers son fils avec la raideur que lui imposait une telle toilette.

– Tu imagines comment serait Alexandros en pharaon ?

Le jeune Macédonien rougit.

– Non. Cette pensée ne m'a jamais traversé l'esprit, répondit-il sans conviction.

Héléna renchérit maladroitement. Il n'était pas de bon ton qu'une femme s'immisçât ainsi dans une conversation entre hommes.

– Hélas ! Alexandros fuit toutes les responsabilités d'une manière inquiétante, dit-elle.

Elle s'excusa aussitôt, consciente de ne pas avoir observé la modération conseillée aux hommes par les dieux. Son intervention fut vite oubliée car on apportait le bœuf que l'on avait abattu le matin même. Celui-ci avait été préparé en grillades et en sauce. Des oies avaient également été rôties à la broche. Des jarres de bière furent ajoutées aux vases de vin et de liqueurs. Des esclaves apportèrent des pyramides colorées de fruits frais dans d'immenses corbeilles tressées pendant que des serviteurs chassaient les mouches à l'aide d'éventails faits de longues plumes de paon.

La vaisselle d'or, d'argent et d'albâtre resplendissait dans les mains des convives. Chaque responsable des tables était attentif à ramasser le moindre morceau de pain ou le moindre déchet jeté par les invités. Même les pétales de fleurs ne devaient pas gâcher les décors des sols.

– N'es-tu pas las de toutes ces flatteries que l'on t'adresse ? demanda Alexandros à son père en remarquant le ton obséquieux des amis qui l'entouraient.

– Les Égyptiens ne sont jamais las de faire des éloges. Mes amis grecs s'en sont tellement inspirés qu'ils ont maintenant le compliment facile.

Le roi se leva et remercia ses hôtes de leurs bienfaits.

– Vous m'avez aujourd'hui apporté de nombreux présents pour fêter mon rétablissement. Je vous souhaite à tous vie et force. Je demande à Sérapis et à tous les dieux de l'Égypte qu'ils vous accordent chaque jour la santé.

Puis il s'assit dans un siège somptueux à haut dossier dont le bois était incrusté d'or, d'argent, de cornaline et de lapis-lazulis.

De très jeunes servantes circulaient entre les divans en distribuant fleurs de lotus et parfums. Presque nues, elles ne portaient qu'un gorgerin d'or et de larges bracelets aux bras.

Un petit orchestre s'installa. Les harpes au bois sculpté resplendirent sous les mains souples des artistes. Cithares, luths, doubles flûtes, tambourins, crotales, sistres à tête d'Hathor les accompagnèrent. Des danseuses entrèrent. Leur corps était vêtu de voiles transparents. Elles le cambraient si bas en arrière que leurs longs cheveux noirs aux reflets bleus balayaient le sol.

- Un pharaon se doit de communiquer à ceux qui restent son expérience du pouvoir et des hommes, dit Ptolémée à son fils. Si tu pars dans la Vallée des Rois, je n'aurai pas le temps de le faire.

- Je ne resterai pas indéfiniment à Tasnit. Pourquoi ne laisserais-tu pas tes recommandations par écrit ? Dicte-les à un scribe. Tu ne serais pas le premier pharaon à procéder de la sorte.

- Les Égyptiens suivront-ils mes conseils en écoutant mon fils que le dieu Rê a lui-même engendré ? Les divinités le protégeront-elles du mal, des jalousies et des catastrophes ?

Un Grec s'approcha du roi pour lui rendre hommage. Le pharaon lui renouvela ses vœux de bonheur.

- Puis-je aussi saluer l'héritier du trône égyptien, le très puissant et très beau Ptolémée ?

Le pharaon le laissa faire. Il s'apprêtait à exiger de lui autant de respect à l'égard d'Alexandros quand le Grec se redressa après s'être incliné profondément devant le jeune Ptolémée.

- Salut, Alexandros, lui lança-t-il d'un ton désinvolte. Tu ne te souviens plus de moi ? Je t'ai pourtant rencontré aux bains et au gymnase lors de ton dernier passage à Alexandrie.

- Je me souviens parfaitement de toi, Scopas, dit poliment Alexandros. Tu m'avais fait la plus forte impression en lançant le javelot et en luttant contre un robuste Égyptien.

– J'ai, moi aussi, un excellent souvenir de toi. Ton habileté et ta force méritent des récompenses aux Jeux olympiques.

Alexandros inclina la tête pour le remercier. Il n'était, cependant, pas dupe des allusions du Grec, qui laissait sous-entendre qu'il était lui-même plus grec qu'égyptien et qu'il lui seyait mieux de briller pendant les concours olympiques que sur le trône d'Égypte.

– N'oublie pas que tu parles en présence de la célèbre Bilistiché, qui a remporté une victoire aux Jeux olympiques, mais qui n'en est pas moins la compagne de Ptolémée, pharaon de Basse et de Haute Égypte, rétorqua habilement Alexandros.

Le Grec rougit légèrement.

– Je ne pense pas blesser notre bien-aimé pharaon en te répondant que Bilistiché n'est point reine comme l'était Arsinoé et que l'on peut être fils de pharaon sans l'être de la Grande Épouse royale. Les dieux ont donné à notre roi Très Haut des enfants d'un premier mariage. Le jeune Ptolémée, qui n'est encore qu'un enfant, ressemble déjà plus à un pharaon que toi à vingt ans.

Ptolémée se leva, rouge de colère.

– Ta langue est digne d'être jetée aux serpents ! dit-il. Qu'on l'emmène et qu'on le mette en prison ! Je déciderai plus tard de son sort.

– Me permets-tu d'intervenir ? demanda Alexandros en se levant à son tour.

Le pharaon hésita.

– Soit.

– Pour la plus grande chance de ce Grec à la parole malheureuse, je suis en effet moi-même plus grec qu'égyptien, et plus philosophe que pharaon. C'est pourquoi je réclame la clémence pour ce stupide invité qui a exprimé tout haut ce que beaucoup pensent tout bas ce soir.

– La clémence ? s'étonna Ptolémée.

– Oui. Ce pardon lui donnera la preuve qu'il vaut mieux être grec avant d'être pharaon. Car c'est en Grèce que sont nées la liberté et la philosophie. Qu'il médite mes paroles et qu'il ne médise plus sur mon compte.

Le Grec se retira rapidement de peur qu'Alexandros ne changeât d'avis.

– Je ne suis pas sûr qu'il ait tort, dit Alexandros à son père, même s'il n'avait pas le droit de s'exprimer ainsi devant toi.

[illegible]

— [illegible] peut-être [illegible] demanda [illegible]

[illegible]

Soit.

Pour l'[illegible] à la [illegible] plus [illegible] que [illegible]

[illegible]

[illegible]

4

Héléna et Alexandros embarquèrent sur le Nil cinq jours plus tard. Le pharaon avait tenu à mettre à leur disposition la meilleure escorte, habituée à se déplacer d'Alexandrie aux chefs-lieux des nomes pour la préparation des grandes fêtes religieuses de l'Égypte.

Ils se laissèrent tranquillement voguer jusqu'à Memphis, trompant leur ennui en dégustant des fruits secs ou en observant l'activité du fleuve. Sur le Nil, les barques étaient nombreuses et toutes semblables avec une poupe et une proue très relevées, parfois décorées d'une tête d'Hathor, la déesse des voyageurs, et d'un œil peint sur la pale pour guider l'embarcation.

Héléna avait pris place sur un siège au milieu de la barque et laissait l'air chaud lui caresser les épaules tandis qu'un cuisinier préparait la bière et les mets à l'avant de l'embarcation.

Une autre barque tirait leur bateau qui n'avait ni rameurs ni voile. Deux marins assuraient la navigation. L'un contrôlait le câble qui reliait les deux barques. L'autre tenait les gouvernails en bois à l'arrière du bateau.

– Je vais réduire l'allonge, criait régulièrement le premier marinier, sinon le mât de l'autre barque va casser ! Il n'a été consolidé par aucun câble. Je ne comprends pas que personne n'ait songé à tendre des cordes du mât à l'avant et à l'arrière du bateau. Il bouge dangereusement !

Peu préoccupé par les soucis de navigation, Alexandros somnolait dans une grande cabine aux parois magnifiquement ornées de dessins égyptiens et grecs, quand la barque s'immobilisa.

– Le vent est tombé, dit le marin qui tenait les gouvernails. Il faudra poursuivre à la rame.

Le capitaine de la première embarcation se plaça à l'avant du bateau et s'empara d'une grande pique qu'il promena dans les profondeurs du fleuve. Dix rameurs s'activèrent tandis que l'on orientait la voile différemment en tirant sur les câbles.

Ils n'étaient plus très éloignés de Memphis lorsqu'ils croisèrent des embarcations plus importantes. Un mât imposant soutenait leurs voiles plus grandes que celles des barques habituelles. Des mariniers activaient un grand gouvernail à bâbord et un autre à tribord. D'immenses cabines abritaient des chevaux.

D'autres barques, à grand mât, en forme de croissants, semblaient transporter toutes les richesses de puissants marchands. Des chalands chargés de blocs de pierre ou de statues gigantesques en provenance des carrières avançaient plus lentement, tirés par des barques pilotes.

*

A Memphis se pressait une foule cosmopolite. Ils alignèrent leur embarcation à côté de celles qui étaient déjà rangées en épi le long du rivage.

Des porteurs versaient à tour de rôle leurs céréales dans l'une d'entre elles en chantant pour garder la cadence et pour s'encourager. L'embarcation était déjà pleine d'orge et de *bôti*[1]. A côté, des marchands qui venaient d'arriver avaient dressé une table devant leurs marchandises et leurs bêtes pour trinquer et manger.

Memphis était peuplée en toute période de l'année de nombreux voyageurs qui partaient vers les oasis, en Asie, en Nubie, ou encore vers les carrières pour chercher du travail ou vendre leurs produits. Ils étaient tous vêtus à l'identique d'un pagne et de sandales s'ils étaient égyptiens et d'une tunique courte s'ils étaient grecs.

1. Amidon.

Certains paysans marchaient derrière leurs ânes chargés de paniers d'épices. D'autres s'assoupissaient sur le bas-côté des chemins en laissant leurs chèvres brouter des ronces.

De nombreux esclaves entretenaient les rues, apportant de la terre pour réparer les irrégularités et les brèches ouvertes par le passage des troupeaux et des chars.

- Nous allons louer un équipage, dit Alexandros au chef d'escorte.

- Je m'en occupe.

Pendant que le serviteur du roi s'exécutait, Héléna fut attirée par un char somptueux dans lequel se dressait fièrement un homme aux larges épaules. Il tenait dans sa main un fouet en or. Des chevaux syriens tiraient le char et des nègres couraient devant la voiture en suivant les instructions de leur maître.

Le char était à la fois robuste et beau, orné de détails en ronde-bosse. Le maître conduisait lui-même en évitant de tirer sur le harnais en cuir qui passait sous le cou des chevaux. Des gardes du corps ouvraient le cortège tandis que des esclaves portaient boissons et nécessaire de toilette.

- Je connais les dessins de ce char, se dit Héléna en s'avançant.

Soudain, ses yeux brillèrent de joie.

- Koblos ! Koblos ! cria-t-elle en levant les bras.

Le propriétaire du char arrêta net sa voiture en tirant fermement sur les rênes qui passaient sous les corps des chevaux. Il sauta à bas de son char d'un bond élégant et souple et courut embrasser Héléna.

– Mon oncle, mais que fais-tu à Memphis ? Je pensais te voir à Tasnit, où nous nous rendons.

– Je voyage souvent pour vendre le produit de nos terres. Mes fils gardent le domaine. Les deux aînés sont des hommes maintenant, et si je ne m'absente pas trop longtemps, je retrouve mon domaine dans l'état où je l'ai quitté.

– Sinon ?

Koblos éclata de rire.

– J'ai un fils grand et robuste, mais bien peu autoritaire, et un autre peu efficace. Quant aux autres, ils sont trop jeunes et vaniteux. Je les ai mal éduqués. Aussi ne dois-je pas rester trop longtemps éloigné d'eux. Je suis rassuré, maintenant que tes parents vivent à côté de chez nous.

– Je suis si heureuse de te revoir ! dit Héléna en lui prenant les mains. Tu es si respecté ! Mais tu dois aussi savoir te reposer et t'appuyer sur les épaules de tes fils.

– Mes deux jeunes enfants réclament plus de responsabilités. Ils sont intelligents et ne supportent plus d'être mis à l'écart par leurs aînés qui soit les remettent en place, soit leur donnent de sempiternels conseils qui les ennuient. Ils jugent que je suis le seul habilité à les punir ou à leur donner des recommandations à cause de mon âge et de mon expérience.

– Mais aussi parce que tu es leur père, Koblos. Puis-je te donner mon avis ?

– Bien sûr, Héléna. Tes conseils sont les bienvenus.

– En ton absence, j'imagine que tes jeunes fils doivent mener la vie dure à leurs aînés. Ils ne les respectent pas et veulent sans cesse s'imposer…

– Tu as compris la situation.

– Eh bien ! Il te faut, avant de t'éloigner de chez toi, désigner quelqu'un pour te remplacer, lui confier tes biens. Qu'il en soit officiellement responsable.

Koblos pencha légèrement la tête.

– Sétoui peut agir à ma place. Il prend les décisions qui s'imposent avec notre scribe Ramsès. Ensemble, ils parlent des récoltes, des ventes de céréales, de l'entretien de nos bêtes.

– Sétoui n'est toujours pas ton associé ?

– Non, mais il agit comme tel. Tout le monde l'aime. Il est obéissant. Je le trouve cependant trop réservé, trop timide.

– Et Khoufou ?

Koblos semblait désespéré.

– Khoufou cherche à s'imposer à tout prix, mais il n'agit qu'à sa guise. Comment lui confier l'administration d'un domaine ? Il prendrait les pires décisions en étant persuadé qu'il fait au mieux. Il jalouse Sétoui et je ne puis priver l'aîné d'un droit qui lui revient en priorité, même s'il a tendance à céder à tout le monde et à manquer d'autorité.

– S'ils avaient quelques années de plus, Didou et Apouy seraient sans doute les plus doués pour ce genre de tâche.

– Il est si délicat de donner un tel pouvoir à de très jeunes gens quand leurs aînés attendent depuis si longtemps !

– Ne te laisse pas tenter par de telles solutions.

– Tes paroles sont empreintes de sagesse. Tu me contrains à réfléchir. Après tout, Sétoui est un fils doux et dévoué.

– Je l'aime beaucoup. C'est une grande joie pour moi de le revoir. Il s'est tant occupé de moi quand j'étais enfant.

– Lui aussi t'a toujours beaucoup aimée, dit Koblos.

Héléna rougit. Sétoui était le cousin qu'elle préférait. Elle trouvait Khoufou peu agréable et n'avait guère confiance en lui.

– Il faut savoir déléguer au bon moment. Il est mauvais qu'un homme jeune ait trop tôt le pouvoir. Mais il n'est guère bon non plus qu'un homme l'ait trop tard. A force d'obéir, Sétoui saura-t-il commander ?

– Sa femme l'humilie chaque jour devant sa famille. Elle le pousse à la révolte. La lutte est âpre entre mes deux brus. Toutes deux voudraient voir leur époux prendre ma place.

Koblos retrouva le sourire.

- Heureusement, tu nous reviens avec ta beauté, ta gentillesse et ton bon sens ! On dirait que tu es la seule dans cette famille, avec mon fidèle Ramsès, à avoir la tête sur les épaules. Mes fils me jalousent et mes brus se querellent sans cesse. J'ai parfois l'impression, lorsque je désire me reposer un instant, d'être entré dans un poulailler ! Je somnole à l'ombre quand une injure en appelle une autre. Tout se termine dans un brouhaha incompréhensible. En entendant leurs mères crier, les enfants se mettent à pleurer bruyamment. Khoufou apparaît et prend alors le relais en soutenant sa femme. Seul Sétoui reste paisible, mais si effacé !

Comme Alexandros venait aux informations, Héléna se précipita vers lui pour lui présenter son oncle.

- La jeune femme que vous voyez là-bas en train d'acheter des fruits est ma nouvelle compagne, dit Koblos.

- Ta nouvelle compagne ?

Koblos rougit.

- Oui. Ma douce épouse a rejoint le monde d'Osiris depuis déjà si longtemps ! Je l'ai beaucoup pleuré. Mais j'estime avoir encore le droit de goûter aux plaisirs de la vie d'ici-bas.

- Qui te le reprocherait ? dit Héléna avec enthousiasme. Cette femme me semble belle et gracieuse. Elle est également très jeune.

- Autant que toi, Héléna, répondit Koblos, enthousiaste. Je crains seulement qu'elle ne déplaise à mes fils.

- Il est toujours difficile de faire accepter une nouvelle femme dans une famille, surtout lorsqu'elle est jeune et resplendissante.

- Je redoute plus encore la réaction de mes brus que celle de mes propres enfants !

L'Égyptienne se dirigea vers eux, les bras chargés de provisions. Elle affichait un sourire mystérieux. Sa démarche était légère, ses gestes gracieux, son allure féline. Elle portait une longue robe plissée et transparente sur une chemise blanche.

Son vêtement était attaché du côté gauche. Il était si lâche qu'il laissait deviner ses seins et révélait ses jambes fines. Ses poignets menus semblaient plier sous le poids des bracelets en or torsadés. Un collier de turquoise et de lapis-lazulis resplendissait discrètement à son cou.

Plus elle avançait, plus elle embaumait. Elle paraissait marcher sur des nuées.

- Voilà Nahouri, dit Koblos réjoui, manifestement troublé par la présence de l'Égyptienne.

Nahouri les salua sans dire un mot. Elle avait ce perpétuel sourire indéfinissable qui la rendait insaisissable. « Elle ressemble à une déesse maléfique, aussi froide qu'un serpent et aussi ondoyante qu'un chat », se dit Héléna.

Nahouri prit un fruit dans le panier qu'elle portait et se mit à le déguster du bout des lèvres.

– Je t'attends, Koblos. Il fait trop chaud, ici. Tu avais promis de m'emmener me baigner. J'ai acheté pour nous des fruits mûrs et de la bière. Ne la laisse pas tiédir. N'en as-tu pas fini ?

Une telle assurance étonna Héléna. Comment son oncle, qu'elle avait connu si autoritaire, pouvait-il se laisser manœuvrer de la sorte ?

– Encore quelques instants, Nahouri, lui répondit-il avec embarras. Héléna est ma nièce et je ne l'ai pas vue depuis des années. Pourquoi ne se joindrait-elle pas à nous ?

Sans plus de ménagement ni d'éducation, Nahouri insista :

– Je préférerais que nous soyons seuls et que nous partions tout de suite pendant qu'il fait si chaud.

Koblos se montra embarrassé. Contre toute attente, il chercha à s'excuser auprès d'Héléna, lui promettant de lui accorder plus de temps lorsqu'elle serait installée chez son père.

– Mais ne pourrions-nous au moins aller nous rafraîchir ensemble ? demanda Héléna, un peu surprise.

Impatiente, Nahouri répliqua aussitôt sans prêter attention aux paroles de la jeune femme.

– N'es-tu pas l'aîné de nous tous ? dit-elle à Koblos. N'est-ce pas à toi de décider ?

– Sans doute, dit Koblos en s'apprêtant à la suivre. Je vous verrai plus tard. Je rentre au domaine dans quelques jours avec Nahouri.

Il les salua précipitamment et remonta dans son char tandis que Nahouri prenait place à ses côtés.

Héléna demeurait interdite, les bras ballants.

– Je crois que nous n'avons pas rencontré ton oncle au bon moment, lui dit Alexandros pour la réconforter. Je te sens peinée.

– Si tu avais connu mon oncle, il y a cinq ans ! rétorqua Héléna. Il était sûr de lui ! On le respectait. Personne n'aurait osé lui donner ainsi des ordres !

– N'exagérons rien. Il s'agissait d'un simple caprice…

– Auquel il a obéi au doigt et à l'œil ! Mais qui est-elle, cette Nahouri, avec ses airs de fille des rues ? Du quartier de Rhacotis ? De quel droit une concubine s'immiscerait-elle dans des affaires de famille ?

– Je crains surtout qu'elle n'agisse ainsi au domaine de ton oncle. Ce serait une catastrophe.

– Mon oncle semble envoûté. Il approuve tout ce qu'elle dit !

– Peut-être parce qu'il est sensible à son charme.

– Elle est peut-être jolie, mais elle est vulgaire et dépourvue de savoir-vivre. Nous n'avons pourtant pas été désagréables avec elle ! Elle devra mettre de l'eau dans son vin si elle veut être acceptée dans la famille.

– Si elle ne le souhaitait pas ?

– Que veux-tu dire ?

– Elle pourrait se tenir à l'écart.

– Et monter mon oncle contre ses fils ? Que se passera-t-il lorsque Koblos repartira vendre les produits de sa terre en laissant sa concubine seule à la maison ?

Alexandros ne répondit rien.

– Tu ne comprends pas ce que je viens de te dire. C'est parce que les femmes sentent mieux ces choses-là que les hommes, lui dit Héléna.

– On dirait que tu prédis une catastrophe.

– Je ne prédis rien de bon, il est vrai.

A ce moment-là, un char arriva à toute allure. Quand il passa devant Alexandros, l'un des deux archers qui guidaient le véhicule décrocha un trait dans sa direction. La flèche se planta juste à côté de lui.

– C'est pour te rappeler que les dieux ne t'ont pas choisi pour être pharaon ! Ton père est déjà un usurpateur. Seul un Égyptien peut devenir roi d'Égypte ! Le sang royal se transmet par les femmes. Or, tu es né d'une simple Grecque sans ascendance royale !

Marins, commerçants et hommes du peuple accoururent au secours d'Alexandros.

– Je n'ai rien, dit celui-ci, ému d'avoir été agressé de la sorte. Tout va bien.

Héléna n'avait pas fait un geste. Elle tremblait légèrement et ne pouvait articuler un mot.

Alexandros ramassa le trait qui était tombé à ses pieds et l'observa attentivement.

– Voilà qui ne nous renseigne guère sur l'identité de ces agresseurs. Sont-ils alexandrins ? Vivent-ils ici ?

– Je crois plutôt qu'ils viennent d'Alexandrie et qu'ils nous ont suivis jusqu'ici, dit Héléna en reprenant ses esprits. Sinon, comment te connaîtraient-ils ? En admettant même qu'ils te connaissent, comment auraient-ils appris que tu es revenu en Égypte ? J'ai hâte d'arriver chez mon père. Nous serons en sécurité.

– Ne t'effraie pas. S'ils avaient voulu me tuer, ces deux énergumènes m'auraient atteint sans peine. Il ne s'agit là que d'un avertissement au cas où j'envisagerais de succéder un jour à mon père.

– Et tu n'en as pas envie, reconnais-le.

– De tels agissements ne m'encouragent guère à revenir sur ma décision !

Héléna l'admit aisément. Elle n'en demeurait pas moins convaincue qu'Alexandros ferait un excellent pharaon.

[illegible]

— J'[illegible] [illegible] de [illegible] [illegible].

[illegible]

[illegible] plus [illegible] [illegible]

« Voilà qui ne nous renseigne guère sur l'[illegible] [illegible] [illegible] Vient-il ? »

— Je crois plutôt [illegible] qu'ils [illegible] [illegible] [illegible] [illegible] [illegible] [illegible] [illegible] [illegible] [illegible] [illegible] [illegible] [illegible]

— [illegible] [illegible] [illegible] [illegible] [illegible] [illegible] [illegible]

[illegible]

[illegible] [illegible] [illegible] [illegible] un excellent [illegible].

5

Au domaine de Koblos, l'agitation était à son comble. Zénodote venait de recevoir un message de sa fille et en avait aussitôt informé la famille de son frère.

- Héléna arrive avec son mari, le fils du pharaon, dit sans enthousiasme Tyi à son époux Sétoui.

Elle avait la voix aiguë et les lèvres pincées.

- Tu dois être ravi de la revoir !

Sétoui rougit.

- Nous nous sommes toujours bien entendus, répondit-il. N'aie crainte. Elle t'aimera comme elle m'aime.

- Je n'en doute pas, dit Tyi d'un ton sec. Pourquoi restes-tu là sans rien faire ? Donne des instructions pour l'accueillir ! Son mari est tout de même le fils du pharaon !

– Bien sûr, répondit Sétoui en se levant du siège en osier dans lequel il était assis et où il aimait somnoler.

– Si tu ne prends pas d'initiative en l'absence de ton père, tu ne seras jamais craint ni respecté, et si tu approuves stupidement tout ce qu'il dit lorsqu'il est ici, on se moquera toujours de toi ! Didou et Apouy sont plus malins et plus éveillés que toi ! Ils le savent bien...

– Père m'apprécie.

Tyi ricana. Elle secoua sa longue chevelure noire qu'elle était en train de coiffer avec attention. Le peigne glissait sans peine le long de la chevelure peu épaisse et lisse. Tyi eût pu être belle si la sévérité n'eût déformé les traits paisibles de son visage.

– S'il pouvait t'apprécier autant que ses jeunes fils, ce serait merveilleux, répliqua-t-elle. Eux, il les adore. Il les a tant gâtés qu'ils obtiennent tout ce qu'ils veulent. Ce n'était guère inquiétant lorsqu'ils étaient enfants, mais le temps travaille pour eux. S'ils n'étaient pas tant paresseux, ils pourraient vous aider, toi et Khoufou. Pourquoi n'en parles-tu pas à ton frère ?

Sétoui bâilla à plusieurs reprises.

– Tu connais Khoufou. Pourquoi veux-tu que je lui parle ? Cela ne servirait à rien.

Tyi posa bruyamment le peigne sur une petite table basse.

- Décidément, tu m'agaces. Tu restes là avachi des heures entières. Quand ton père t'adresse des reproches qui devraient être adressés à tes frères, tu ne répliques rien. Tu l'écoutes et tu lui demandes pardon comme si tu étais responsable de la paresse et des caprices de Didou et d'Apouy. Khoufou ne se laisse pas traiter de la sorte. Il ose lui tenir tête et lui dire ce qu'il en est !

- C'est la raison pour laquelle père me demande de prendre soin du domaine en son absence. Il sait que je serai plus calme, plus réfléchi en cas de discorde.

Tyi fit la moue. Elle n'était guère convaincue.

- Tu as des responsabilités, mais tu n'as aucun titre officiel, dit-elle. Tu as maintenant l'âge de t'entretenir d'égal à égal avec ton père. Koblos te parle souvent comme à un enfant.

- A ses yeux, je serai toujours un enfant. Sans doute agirai-je de même avec mes propres fils.

- Je ferai en sorte que non. Tu es tellement ridicule en présence de ton père ! Parle-lui !

- J'aurais l'impression de le pousser dehors pour prendre sa place. Mon père veut agir comme il le faisait autrefois. Il refuse de ralentir ses activités et déteste les confier à autrui.

- Je m'en suis aperçue ! C'est la raison pour laquelle nous vivons tous au rythme de ses humeurs ! Pourquoi ne tentes-tu pas au moins de lui parler ?

– Je n'aurai pas ouvert la bouche qu'il m'interrompra.

– Je reconnais là ton défaitisme habituel. Si j'avais voix au chapitre, je m'imposerais, crois-moi ! Mais je suis une femme et il refusera de m'écouter.

Sétoui tenta de la calmer. Elle marchait maintenant de long en large dans la pièce en brassant l'air de ses bras potelés.

– Je me demande comment ta mollesse a pu me séduire, dit-elle en se prenant la tête à deux mains.

Sans hausser le ton, Sétoui lui répondit qu'il allait tenter de parler à son père pour lui être agréable.

– Enfin ! dit-elle. Tu es décidé ! Quand tu lui parleras, souviens-toi qu'il ne faut pas le supplier, mais imposer tes volontés ! Tu n'as rien à perdre en prenant un ton autoritaire. Koblos a besoin de toi. Seul Ramsès pourrait te faire de l'ombre car il est fidèle et intelligent, mais c'est un étranger. Koblos ne laissera personne évincer ses fils dans sa maison, je le connais. N'attends pas que ton père meure pour agir ! N'est-il pas juste que j'aie moi aussi la place qui me revient, celle de la femme de l'aîné de cette maison, de l'héritier ?

Sétoui s'avança lentement vers elle.

– J'ai l'impression que ton amour pour moi a quitté cette demeure depuis longtemps. Je ne suis pas assez bien pour toi.

- Quelle femme ne serait pas révoltée par ta mollesse ?

- Calme-toi. Je m'engage à réclamer à père plus de responsabilités.

- Je veux être moi-même mieux considérée !

- Soit. Je te promets de lui en parler.

- J'en doute, balbutia Tyi. Si tu parviens à le faire, ce sera comme un enfant devant son professeur.

- Je ne veux que ton bonheur, dit Sétoui.

- Maintenant, occupe-toi des préparatifs. Héléna va arriver d'un moment à l'autre. Zénodote nous a dit qu'elle avait hâte d'achever son voyage.

*

Le domaine de Koblos, comme celui de Zénodote, était entouré d'une haute enceinte de pierres. La porte principale ouvrait sur les habitations tandis que d'autres passages plus étroits permettaient l'accès au jardin, à la boulangerie, à la cuisine et aux petites maisons carrées des domestiques, constituées de quatre pièces.

Les murs des deux propriétés se touchaient presque. Celles-ci étaient surmontées d'un toit auquel on accédait par un escalier et qui reposait sur les colonnes torsadées entourant les deux maisons. Leurs façades étaient ornées d'un portique de colonnes papyriformes. Les corniches étaient décorées de fleurs et de fruits, les linteaux des portes de palmes. Dans toutes les salles de réception se trouvaient également des colonnes qui soutenaient le toit. Elles donnaient sur des pièces plus petites où étaient alignés des coffres à linge ou des jarres d'huile. Deux puits permettaient d'alimenter les maisons en eau.

Chaque famille possédait un vaste appartement donnant sur une cour avec une salle de bains.

La maison de Ramsès était indépendante. Située non loin du chenil et de la cour, où étaient entassés les silos, elle était grande et lumineuse, propice à la réflexion et au repos.

Sétoui se dirigea d'un pas lent vers la demeure de Ramsès. Dans les allées des jardins arrangés avec soin, propres et parfaitement alignées, jouaient les enfants de Khoufou, près des ceps de vigne et des fleurs.

– Fais attention aux parterres ! cria à sa fille Abi, l'épouse de Khoufou.

Zénodote et Koblos devaient posséder à eux deux toutes les variétés d'arbres que l'on trouvait sur les rivages du Nil : palmiers à coucou, palmiers à dattes, cocotiers, jujubiers, grenadiers. Sous les saules, la terre restait grasse et nue. Les ifs étaient taillés avec art. Les hauts sycomores étendaient leurs branches imposantes au-dessus des toits. Quand les figues étaient mûres, les serviteurs s'activaient sous les arbres, des paniers au bras.

– Ne va pas dans la baraque à outils ! clama encore Abi qui s'inquiétait et s'agitait à longueur de journée.

– Mais la maison du jardinier est fermée, tu le sais bien, répondit calmement la fille aînée de Khoufou, qui n'avait que six ans.

– Peut-être... On ne sait jamais. Ton oncle Sétoui y a déjeuné hier et je crains qu'il n'ait oublié de refermer la porte.

– Père dit toujours qu'il est incapable de faire quelque chose de bien.

Cette remarque fit sourire Abi. Sétoui l'entendit, mais ne s'en formalisa pas. Il aimait tant les filles de son frère qu'il leur aurait tout pardonné.

Il passa derrière les kiosques en bois qui abritaient des boissons que les serviteurs avaient coutume de placer à l'ombre, à côté des tables où la famille prenait ses repas l'été.

– Viens par ici, disait Abi à sa fille. Monte l'escalier. Nous allons à la pièce d'eau. Tu essaieras d'attraper les nénuphars avec ce bâton.

– Je préfère monter dans la barque, gémit la petite Nefer.

– Il suffit que je te propose un jeu pour que tu veuilles systématiquement faire autre chose !

Le bébé d'Abi qui dormait dans un berceau fut réveillé par les cris de sa mère.

– Ah ! te voilà, dit Abi à son mari. Tu tombes bien. Je ne peux surveiller Nefer et m'occuper du bébé. Accompagne ta fille à la pièce d'eau.

Comme Khoufou ne répondait pas, Abi parut contrariée.

– Khoufou ! Ta fille t'attend…

– J'ai bien d'autres soucis en tête que d'aller jouer avec Nefer.

Abi prit le bébé dans ses bras et le berça pour le calmer.

– Que se passe-t-il ?

– Héléna va arriver et mon père m'a ordonné de ne m'occuper de rien. Pour accueillir le fils du pharaon, il s'en remet à Sétoui, qui n'a aucun esprit d'initiative. Je voudrais tant qu'il me permette de lui montrer de quoi je suis capable.

Abi agita une tige de papyrus devant sa dernière fille pour l'amuser et arrêter ses pleurs.

– Tiens ! dit Nefer qui adorait son père en se haussant sur la pointe des pieds pour lui tendre une cruche pleine d'eau.

– Merci, Nefer, lui répondit Khoufou.

– D'autres détails te préoccupent…, dit Abi, qui connaissait bien son mari.

– Oui. Sétoui a vendu du bois à bas prix. Je ne comprends pas pourquoi il l'a bradé.

– Il a obéi à ton père.

– Comme toujours. Il faut agir ainsi que notre père le décide, et si je lui suggère d'intervenir, il me traite d'incapable ! Je crois qu'il ne me considère pas à la hauteur, alors qu'il commence à se faire vieux. Il emploie de vieilles méthodes, manque d'astuce et d'audace. S'il m'écoutait, je lui ferais gagner beaucoup d'argent. Après tout, n'avons-nous pas tout intérêt à réaliser de bonnes transactions ?

– Je t'admire, dit Abi, les yeux brillants. Tu es si ambitieux et si entreprenant !

– Pouvons-nous maintenant aller à la pièce d'eau ? gémit Nefer, qui s'impatientait.

Abi la regarda avec tendresse.

– Grâce à toi, j'ai de si beaux enfants !

– Je vais envoyer un message à mon père. S'il ne m'écoute pas une fois de plus, nous partirons.

Abi reposa l'enfant dans son berceau. Elle était effrayée.

– Où irons-nous ? Notre maison est ici…

– Qu'importe. Je travaillerai dans un autre domaine. Alexandros m'aidera peut-être à trouver un emploi au palais d'Alexandrie.

– Mais tu connais le travail de la terre…

– Crois-tu que je ne saurais pas me reconvertir en haut fonctionnaire ?

– Tu es capable de tout, cher Khoufou. Tu es si intelligent !

– Mon père est autoritaire, mais guère efficace. Il m'injurie devant toute la famille. Je ne vais tout de même pas accepter cela toute ma vie !

– Je t'approuve, Khoufou, mais nous ne partirons pas !

Khoufou fut si étonné d'entendre sa femme s'exprimer avec une telle assurance, ce qui ne lui ressemblait guère, que sa colère tomba soudain.

– Je n'abandonnerai pas les biens que le pharaon a confiés à ton père et qui, demain, reviendront à ses fils. Ce bois, ces champs, ce lin, ces fruits, ces terres, ces arbres, ces bêtes, ce n'est pas rien ! Si tu pars, ton père sera tellement furieux que tu perdras tout. Didou et Apouy en seraient trop satisfaits. N'oublie pas que tes enfants recevront un jour ce domaine à gérer. Tu dois penser à eux !

– Tu m'étonnes, Abi. Je croyais avoir épousé une femme douce et caressante, prête à obéir à toutes les décisions de son mari, et je découvre un aspect de ton caractère que je ne connaissais pas.

– N'écris pas à ton père. Accepte de dépendre encore de lui.

– Jusqu'à quand ?

– Jamais ton père ne se dessaisira de son pouvoir, sauf s'il s'apprête à rejoindre Osiris. En nous faisant dépendre de lui, il espère peut-être nous garder ici…

Abi exprima une moue dédaigneuse.

– En fait, il nous tient tous et il le sait.

Khoufou ne s'était jamais rendu compte des sentiments qu'Abi éprouvait pour son père. Il en fut surpris.

- Allons à la pièce d'eau, je vais réfléchir, dit-il.

- C'est tout réfléchi, répliqua Abi. Tu es né un jour faste. Tu vivras donc plus longtemps que ton père, alors que Sétoui est né un jour néfaste. Il mourra de maladie. Jamais tes filles n'ont poussé des vagissements semblables aux bruissements des sapins, alors que le fils de Sétoui a toujours pleuré en grinçant des dents. Il ne vivra pas longtemps. N'oublie pas qu'Osiris a été englouti par un sapin et que ces pleurs ne sauraient constituer un bon présage. Tes enfants posséderont alors la plus grande partie du domaine. L'horoscope de tes filles, que j'ai fait tirer à la maison de vie, est excellent.

Khoufou regarda sa femme avec étonnement.

- Allons à la pièce d'eau, répéta-t-il, plongé dans ses pensées.

6

Quand Sétoui frappa à la porte de la maison de Ramsès, celui-ci était en train de relire le message de Koblos.

Malgré sa jeunesse, Ramsès était sérieux et réfléchi. Il ne parlait qu'en cas d'absolue nécessité. Il appréciait beaucoup la musique et la poésie et était habile de ses mains.

Sétoui était toujours réconforté en sa présence car le scribe trouvait des solutions là où lui-même ne voyait que des problèmes.

– Je doute que ton père soit satisfait des ventes que tu as réalisées depuis son départ, dit Ramsès en levant les yeux vers lui. L'orge et le bois auraient pu être mieux négociés.

– Je ne viens pas te trouver pour cela, lui répondit Sétoui. Je me plierai au verdict de Koblos. Mais il me charge aujourd'hui d'une tâche bien lourde. Il me faut accueillir le fils du pharaon.

L'astucieux Ramsès l'observa et lui tendit le papyrus qu'il avait déplié sur ses genoux.

- Peux-tu me le lire ? bafouilla Sétoui. Je lis si lentement...

Le scribe s'exécuta.

« Moi, Koblos, je vous souhaite d'être en excellente santé. Que les dieux vous aident dans votre tâche ! Que Sérapis veille sur vos intérêts ! Que Sétoui travaille chaque jour ! »

Sétoui hocha la tête. Même s'il travaillait cent fois plus, son père serait insatisfait. Il soupira en l'imaginant à son retour. Il s'exclamerait sur tout ; il gronderait au sujet de la moindre erreur ; il donnerait des ordres pour redresser la barre.

Ramsès continuait la lecture du message tout en observant les réactions de Sétoui.

« Soyez agréable avec votre grand-père ! Traitez votre nourrice comme votre mère ! Ne vous disputez pas et faites attention aux inondations ! Héléna arrive dans quelques jours avec son époux Alexandros. Je te charge, Sétoui, de les recevoir, et n'oublie pas qu'Alexandros est le fils du pharaon. Si vous lui manquez de respect, je t'en rendrai responsable ! »

Sétoui frémit.

- Je vais demander à Apouy de donner des ordres aux cuisines, dit-il.

- Je te le déconseille, répondit aussitôt Ramsès. Ton père t'a chargé d'une mission de confiance. S'il avait choisi Apouy pour cette tâche, il me l'aurait écrit.

Sétoui promit d'obéir à son père. Mais il songea aux propos de sa femme.

- Tyi trouve que je travaille trop...

- Et toi, qu'en penses-tu ?

- Du moment que mon père est content, je le suis également.

- Alors, écoute-moi. Tu vas donner tes instructions pour que des mets soient préparés en conséquence. Tu feras décorer la maison. Héléna va d'abord se rendre chez son père, mais elle viendra ici aussitôt après. Il serait bon d'aller l'accueillir au bord du fleuve dès qu'elle débarquera. Les pêcheurs peuvent nous informer de son arrivée.

- C'est une excellente idée ! Je vais m'en occuper tout de suite.

Comme Apouy se trouvait dans le jardin, son frère l'accosta aussitôt.

- Va au bord du fleuve, lui dit-il, et viens nous prévenir dès que tu apercevras la barque d'Héléna.

Apouy bougonna.

- Je n'ai pas le temps ! rétorqua-t-il. Envoie plutôt un serviteur ! Il n'est pas utile de savoir lire pour accomplir un tel travail !

- Parce que tu sais lire ?

- Mieux que toi, répondit Apouy avec impertinence. J'apprends et progresse chaque jour.

Mais une voix grave, un peu cassée, l'interrompit. Apouy rougit.

– Viens ici ! lui dit Nekhti, le père de Koblos.

La nourrice Tamit l'avait aidé à s'asseoir sur un banc de pierre.

– Je ne t'avais pas entendu, grand-père…, dit Apouy un peu gêné.

– Parce que mes membres sont fatigués et ma vue plus faible qu'autrefois, tu me pensais encore au lit ou dans ma chaise !

– Non…, rétorqua aussitôt Apouy. Il est bon que tu sortes…

Nekhti haussa les épaules. Il pria Sétoui de les laisser seuls un instant.

– Ne cherche pas à me flatter ou à me séduire par un discours de petit-fils affectueux, dit-il à Apouy. Tu as répondu à ton frère d'une manière intolérable. En l'absence de ton père, il dirige ce domaine. Aussi dois-tu lui obéir !

Apouy maugréa entre ses dents.

– Ce n'est pas à toi de choisir les tâches qui t'incombent, ajouta Nekhti. Ramsès est là pour écrire et lire les messages. Tu dois aider tes frères aux champs.

Apouy éclata soudain de colère.

– Sétoui est tout juste capable de garder un troupeau ! Je suis peut-être plus jeune que lui, mais je suis plus intelligent et plus instruit ! Khoufou est vif, mais il dépense son énergie dans des actes stupides ! Père le sait bien, qui me laisse moi-même choisir ce que je veux faire !

- Résultat : tu paresses toute la journée avec Didou pendant que les autres travaillent.

- Tu n'as pas le droit...

- Petit impertinent ! Tes propos seront rapportés à ton père.

Apouy fit la grimace.

- Didou et moi, nous ne mangeons pas à notre faim. Père a pourtant bien ordonné à Sétoui de contenter nos moindres désirs. Il sera furieux de savoir comment nous sommes traités en son absence ! M'envoyer sur les bords du Nil comme un vulgaire serviteur !

Comme Nekhti se contentait de l'observer sans rien dire, Apouy ajouta, mielleux :

- Tu ne parleras pas de cette discussion à père, parce que tu m'aimes et parce que tu sais que ce que je dis est vrai. Père m'écoute, surtout quand je lui rapporte combien tu es bon.

- C'est inutile. Cesse tes caresses et rattrape Sétoui pour t'excuser.

- Tu penses que la situation m'échappe ? Père sait parfaitement que Sétoui n'est pas à la hauteur. Il ne peut pas compter sur Khoufou. Nous dirigerons bientôt le domaine, Didou et moi !

- Mon fils ne permettra pas que ses jeunes enfants dirigent sa maison.

Apouy baissa la voix et s'approcha de son grand-père.

- Seuls Didou et moi n'avons pas peur de père. On le dit autoritaire. Je me demande pourquoi ! Il est trop vieux pour prendre de bonnes décisions.

- Cela suffit ! dit Nekhti. Médite mes paroles, sinon il pourrait bien t'arriver malheur !

Nekhti appela la nourrice, qui accourut.

- Je n'étais pas loin, dit-elle.

- As-tu entendu la manière dont Apouy ose parler de son père ?

Tamit se montra embarrassée.

- Le digne et courageux maître serait sans doute peiné d'entendre son cher Apouy parler de lui de la sorte.

- Oserais-tu le lui rapporter ? demanda Apouy avec aplomb.

- Je ne veux que le bonheur de cette famille. Il est, cependant, bon que le maître soit informé de certaines choses.

- Je ne faisais que plaisanter. Qui penses-tu que mon père croira si tu le fais souffrir en lui disant que je ne le respecte pas ? Je ne te conseille pas de jouer à ce petit jeu avec moi.

Apouy jeta un regard noir à la nourrice, puis il s'en alla sans ajouter un mot. Sétoui revenait précisément aux nouvelles.

- Apouy obéira-t-il ? demanda-t-il d'une voix hésitante à son grand-père.

– Mon fils est trop indulgent avec Apouy. Je suis très inquiet des propos qu'il vient de tenir. Sétoui, tu dois parler à ton père dès son retour. Il doit être informé de l'attitude d'Apouy. Je lui dirai de mon côté combien ton frère est odieux, prétentieux et retors.

– N'aie crainte, grand-père. Tout s'arrangera quand Koblos rentrera. Il prend toujours les bonnes décisions.

– Je n'en suis pas certain, répliqua Nekhti.

– Que puis-je faire d'autre ?

– Tu es bon, Sétoui. Ton père et ton épouse peuvent compter sur ton dévouement et ta tendresse, mais Koblos ne sait guère te remercier et ta femme te donne des ordres.

Sétoui se contenta de répéter que tout s'arrangerait quand Koblos rentrerait.

– Je voudrais tant qu'il soit là pour accueillir Héléna, dit-il. Lui saurait quelles instructions donner.

– Tu ne m'as pas entendu ou tu as fait mine de ne pas avoir compris, insista Nekhti, mais je te le redis : ne te laisse pas ainsi dominer.

– Excuse-moi, grand-père, je dois aller aux cuisines, dit Sétoui en rougissant.

7

Bien que le voyage eût été agréable sans l'incident qui aurait pu coûter la vie à Alexandros, Héléna fut heureuse de reconnaître la Vallée des Rois puis la Vallée des Reines où se trouvaient les tombes royales et, non loin de là, de petites maisons blanches où habitaient quelques paysans.

Elle poussa un soupir de soulagement et remercia les dieux d'avoir favorisé leur voyage fluvial en apercevant le temple du dieu Khnoum à tête de bélier. Ptolémée y avait fait aménager une longue allée bordée de sphinx. Ce *dromos* conduisait à deux obélisques en granit de Syène et à une porte gigantesque ornée de scènes en relief. A l'intérieur, la cour était entourée d'un portique à double rangée de colonnes décorées de hiéroglyphes.

Parce qu'elle y venait souvent pendant son enfance, Héléna connaissait ce temple mieux que les monuments d'Alexandrie. Elle était déjà descendue dans la salle principale éclairée par de simples ouvertures dans le toit. Les colonnes papyriformes de couleurs gaies, le plafond paré d'étoiles et de vautours en plein vol l'avaient alors impressionnée. On racontait que Ptolémée l'avait encore embellie. Seul le pharaon avait pourtant accès à cette salle, mais le père et l'oncle d'Héléna étaient de si grands dignitaires qu'il lui avait été permis d'y pénétrer pendant les jours de fêtes du dieu Khnoum.

Combien de fois n'avait-elle pas supplié son oncle de l'emmener alors dans le sanctuaire, où le passage entre le sol et le plafond devenait si étroit que l'obscurité en était angoissante ? Mais personne n'avait consenti à la conduire dans le *naos*, où se dressait la statue du dieu, ni même dans la salle qui précédait, où les prêtres disposaient la barque sacrée du dieu. Il était interdit de visiter les chapelles des autres dieux et les petites pièces où étaient conservés les objets du culte.

Héléna s'asseyait souvent devant la clepsydre du temple, près du puits indispensable aux fêtes, aux processions et au clergé. Elle imaginait la tête du dieu Khnoum regardant vers la lumière pour communiquer avec l'extérieur. Les prêtres se baignaient non loin de là, dans le lac sacré où Ptolémée avait organisé, l'année précédente, quelques jeux nautiques.

Héléna assistait aussi aux va-et-vient des fonctionnaires qui venaient consulter les archives de la Haute Égypte dans la Maison de Vie située à l'intérieur du temple. Là se trouvaient des magasins, des jarres de céréales et de modestes appartements pour les membres du clergé.

- Tu parais fascinée, lui dit Alexandros en la prenant par les épaules et en regardant, lui aussi, le temple de Khnoum, plus bas que le niveau de l'eau, qui semblait s'enfoncer dans des sables mouvants.

- Je le suis. Je venais si souvent ici pendant mon enfance, Alexandros. J'ai passé de longs mois auprès de mon oncle et de mes cousins. J'en ai gardé un merveilleux souvenir. Ce n'était que joie, rires et insouciance. Quand mes professeurs ne donnaient plus de cours à Alexandrie et que nous avions alors quelque temps de liberté, je demandais aussitôt à mon père de me conduire à Tasnit. Il le faisait lui-même ou chargeait l'un de ses fidèles serviteurs de m'accompagner.

Elle s'interrompit et demeura pensive pendant un instant.

- Aujourd'hui, je reviens avec mon époux.

- Quelle mélancolie...

- Ne te méprends pas. Je suis comblée, mais je ne puis m'empêcher d'évoquer le temps passé. J'aimerais tellement que tout soit comme avant...

- Il n'y a aucune raison pour que les choses aient changé, lui répondit Alexandros.

- Mon père avait conseillé au tien de faire construire un *mammisi*[1] à l'intérieur du temple pour honorer la naissance du dieu Khnoum. Je l'ai vu plusieurs fois ébaucher des scènes de mariage et de naissance pour décorer ce petit monument. Je le visiterai bientôt pour la première fois. Que le dieu Bès veille sur Khnoum !

*

A l'approche des deux barques, les prêtres se réunirent sur le rivage. Héléna vit aussitôt accourir sa famille jusqu'au débarcadère. Elle agita les bras et s'empressa de débarquer pendant que les mariniers tiraient sur les drisses de la barque pilote. Elle n'avait pas plus tôt les pieds sur la terre ferme que ses parents la serraient contre eux. Héléna embrassa sa famille et remercia du geste tous ceux qui étaient venus la saluer.

- Que Sérapis soit remercié pour t'avoir enfin conduite jusqu'à nous ! dit Zénodote, les larmes aux yeux. Nous étions si inquiets de ce long voyage. Ta mère m'obligeait à prier chaque jour les dieux de t'aider et de te soutenir.

---

1. Petite chapelle.

- Alexandros était là pour m'encourager, répondit Héléna.

Zénodote hésita à saluer le jeune Macédonien.

- Oui. Le fils de ce maudit Ptolémée, dit-il entre ses dents.

- N'injurie pas les dieux en réveillant cette vieille rancœur qui t'a dressé contre le pharaon !

- Je l'ai éduqué. Je le connais mieux que personne !

- Ne t'a-t-il pas donné ce domaine pour que tu l'administres et l'entretiennes comme Koblos le fait pour sa propre terre ? A cette différence près que tu en es propriétaire !

- C'est le moins qu'il pouvait faire ! Sans moi, aurait-il été pharaon ?

Alexandros s'avança vers Zénodote et le pria d'être tolérant.

- Partons sur des bases saines et oublions les vieilles querelles, lui dit-il. Nous nous installons ici pour un long séjour. Que la joie habite vos demeures et que le malheur en soit exclu !

Abi remit des couronnes de feuilles et des fleurs de lotus aux arrivants. Toute la famille poussait maintenant des cris de joie ou entonnait des chants du pays.

Zénodote prit sa fille par les épaules, tandis que sa mère lui serrait affectueusement la main.

- As-tu vu Koblos à Memphis ? lui demanda-t-il. Revient-il bientôt ?

– Pourquoi t'inquiètes-tu ainsi ? Sétoui ne gère-t-il pas le domaine de son père en son absence ?

– Précisément. Aussi n'ose-t-il rien entreprendre. Et Khoufou fait des choix désastreux.

– N'aie crainte, père, dit Héléna. Koblos nous suit. Il sera bientôt là.

– A quoi penses-tu ? Te voilà bien songeuse...

Héléna le rassura.

– Il se porte bien et il sera à Tasnit dans quelques jours.

– Je préfère cela.

Elle songeait aux propos que son oncle lui avait tenus, à son attachement à l'Égyptienne. Elle n'avait pu s'empêcher d'être déçue par son attitude. Son oncle était un personnage si imposant dans son souvenir. Or, elle l'avait trouvé faible, presque ridicule, suffisant et vieillissant, pour céder ainsi aux caprices d'une jeune femme qui aurait pu être sa fille.

Héléna et Alexandros remercièrent les prêtres qui s'étaient rassemblés. Puis Héléna crut bon d'ajouter un compliment à chacun. Elle s'adressa d'abord à Sétoui qui la regarda en rougissant.

– Tu es toujours aussi bon, lui dit-elle. Et toi, Khoufou, tu es toujours aussi beau et aussi vif. Apouy et Didou, quelle joie pour moi de vous revoir si robustes ! Tyi et Abi, je serai si heureuse de vous connaître davantage. Sans doute passerons-nous d'excellents moments entre femmes.

Elle se baissa pour prendre dans ses bras le bébé d'Abi dont le visage s'éclaira de bonheur.

- Et toi, chère nourrice, te voilà aussi ! Je suis persuadée que tu es toujours autant dévouée à mon oncle.

Tamit baissa la tête. Comme elle s'apprêtait à s'agenouiller pour baiser la main d'Héléna, celle-ci lui fit signe de n'en rien faire. Elle avait toujours détesté cette onctuosité et cette servilité avec lesquelles Tamit accompagnait chacune de ses paroles. Celle-ci avait été très présente à la mort de sa tante, ce qui l'avait rapprochée de Koblos. Peut-être en attendait-elle des remerciements qui l'auraient amenée au mariage. Les enfants de Koblos l'avaient tout d'abord redouté, mais leur père ne semblait voir en cette bonne Tamit que la fidèle servante de la maison.

Héléna n'était pas sûre que la nourrice n'en éprouvait pas quelque regret. Ses actes de générosité, peut-être calculés, s'étaient alors transformés en flatteries hypocrites qui mettaient souvent son entourage mal à l'aise. Elle jugeait qu'elle devait tout connaître de ce qui se passait dans la maison et faisait en sorte d'y parvenir, quitte à écouter aux portes.

- Mais, comme répétait Nekhti, si Koblos avait fait la sottise de l'épouser, Tamit serait devenue odieuse du jour au lendemain. Elle aurait tout régenté et aurait mené Koblos par le bout du nez.

- Le digne Nekhti, mon grand-oncle, n'est pas venu avec toi ? demanda Héléna à Tamit.

- Non. Il est trop fatigué. Il ne se déplace que lentement. Aussi reste-t-il le plus souvent dans sa chambre. Mais il t'y attend dans ses vêtements de fête.

- Allons l'embrasser, dit Héléna à Alexandros en le prenant par le bras. J'ai hâte de le revoir. Ne le laissons pas à l'écart.

Les chars traversèrent le village de Tasnit, puis ils pénétrèrent dans la campagne et arrivèrent très vite au domaine de Koblos.

Nekhti tint à se lever pour embrasser Héléna et Alexandros. Tamit se précipita pour l'aider.

- Gloire à toi, Alexandros ! dit le vieil homme au regard malicieux. Tu es ici chez toi. C'est un honneur pour nous de t'accueillir. Mon fils a donné des ordres pour que tu sois reçu comme il se doit.

- J'ai rencontré ton fils Koblos, lui répondit Alexandros poliment.

- Nous n'avons guère eu l'occasion de lui parler, intervint Héléna, mais nous nous rattraperons à son retour.

Nekhti plissa les yeux comme s'il cherchait à scruter les pensées de sa petite-cousine. Il pria les autres membres de la famille de se retirer afin de s'entretenir en privé avec Héléna et Alexandros. Tous obéirent, un peu vexés, à l'exception de Zénodote et de son épouse Létho.

- Mon fils n'était-il pas encore avec cette Égyptienne ? demanda-t-il avec humeur.

Héléna hésita à répondre.

- Ne mens pas pour couvrir les frasques de ce malheureux, lui dit Nekhti.

- Tu as raison, lui répondit Héléna dans un souffle. Cette femme est bien jolie, mais comment es-tu au courant ? Les dieux ne te permettent plus de marcher et tu en sais plus que le reste de la famille.

- J'ai mes informateurs. Avant que Koblos ne voyage, c'est moi qui me rendais dans le nord. Plusieurs marchands viennent encore me voir lorsqu'ils sont de passage à Louxor ou à Thèbes. Ils m'adressent souvent des compliments sur la nouvelle compagne de mon fils.

- Je comprends, dit Héléna.

- N'est-il pas normal que Koblos cherche à se remarier ? Il est encore jeune ! intervint Zénodote, qui prenait souvent le parti de son frère.

- Ah ! Zénodote ! Une jeune et jolie femme est un poison dans une maison. Je crains vraiment le pire si ton frère décide un jour de la ramener à Tasnit.

- Je crois bien que telle est en effet son intention, dit Héléna.

Létho poussa une exclamation qu'elle étouffa en plaçant sa main devant sa bouche. Nekhti n'appréciait guère les cris et les piaillements de femmes.

– Quel âge a-t-elle ?

– Pas plus de vingt ans, répondit Héléna.

– Quel idiot ! Mon fils est vraiment un sot ! Il se redresse, se pavane, mais il n'a qu'un pois chiche dans le crâne !

– Tu parles toujours de lui en termes peu élogieux. Il ne le mérite pas, intervint encore Zénodote. Koblos est intelligent. Il ne commettra aucune faute en nous présentant sa compagne.

– Sa concubine ! Crois-tu qu'elle sera acceptée par mes petits-fils et par leurs épouses ? Je vois d'ici la tête de Tyi !

– Koblos n'a-t-il pas le droit de faire ce que bon lui semble chez lui ? Sa famille ne dépend-elle pas de lui et de son travail ?

– Un peu trop. Au lieu de jouer les jolis cœurs, Koblos devrait songer à confier à ses fils plus de responsabilités. Il les traite comme des enfants et je sens bien que cette situation leur déplaît.

– Que redoutes-tu ? lui demanda Héléna.

– Qu'ils ne partent un jour vivre ailleurs. Qu'ils aillent travailler sur un autre domaine.

– Alors qu'ils hériteront un jour de la jouissance de cette terre, de ces écuries, de ces champs ?

– Oui, répondit Nekhti. Je sais pourquoi Koblos hésite à leur faire confiance. Khoufou est impulsif, irréfléchi et impertinent. Quant à Sétoui, s'il est obéissant et serviable, il est aussi moins intelligent et moins entreprenant que ses frères. Il hésite tout le temps. Il ne prend aucune initiative et attend les ordres de son père, même lorsque celui-ci est en voyage.

- Mon frère travaille trop. Il dort peu. Il n'a jamais de loisirs, insista Zénodote. Comment peux-tu être aussi injuste ?

- C'est bien ce que je lui reproche. Qu'il laisse ses fils voler de leurs propres ailes ! Ils commettront des erreurs. Qui n'en commet pas ? Mais ils apprendront à gérer ce domaine. Au lieu de quoi, Koblos les tient dans le creux de sa main et leur impose ses volontés. Son dernier caprice est cette Égyptienne. Je ne suis pas sûr qu'elle plaise à tout le monde...

- Espérons qu'elle soit douce et discrète, dit Zénodote.

Alexandros eut un froncement de sourcils qui n'échappa pas à Nekhti.

- Une femme jeune est rarement douce et, quand elle est la compagne du maître, elle est rarement servile. La meilleure décision que Koblos prendrait serait de l'emmener loin d'ici à chacun de ses voyages. Il est si souvent absent... Je lui parlerai afin qu'il n'ait pas l'idée saugrenue de la laisser seule ici. Cette pauvre femme aurait du fil à retordre.

- Je crois, en effet, que ce serait la meilleure solution, dit Héléna, qui n'osait plus guère s'avancer en présence de son père.

Sa mère, elle, avait pour principe de ne pas s'immiscer dans les discussions familiales.

– Oublions ce vieil illuminé de Koblos ! dit Nekhti en retrouvant son sourire. Il m'amuse plus qu'il ne me tourmente. Moi aussi, j'ai autrefois apprécié les jolies femmes. Mais il a le don de faire toujours les mauvais choix au plus mauvais moment. Maintenant que nous avons parlé, profitons de nos retrouvailles ! Sétoui a fait préparer un banquet. Dansez et chantez jusqu'au milieu de la nuit !

8

Héléna respira les parfums qui émanaient de la terre et des arbres.

La maison de son père avait deux étages. Elle était moins lumineuse que celle de son oncle. De rares fenêtres, petites et carrées, protégeaient les habitants de la chaleur et du vent. La plupart étaient en partie fermées par des morceaux d'étoffes en lin.

Au rez-de-chaussée, les femmes cuisinaient ou tissaient. Héléna sentit avec plaisir une chaude odeur de pain arriver jusqu'au jardin. Sa mère l'appela de sa chambre située au premier étage. C'était la plus belle pièce de la maison, décorée de colonnes lotiformes. La porte et les fenêtres étaient entourées de plaques de bois sculptées. Sur chaque mur étaient peintes des scènes de la vie quotidienne dans des tons d'ocre, de vert et de turquoise.

Héléna courut rejoindre sa mère. Elle avait l'impression d'être soudain plus jeune et de retrouver les automatismes de l'enfance.

Quand elle pénétra dans la pièce si basse de plafond qu'on l'eût touché en levant le bras, son père commençait sa toilette. Des serviteurs apportèrent des cuvettes et des brocs tandis qu'il s'asseyait sur un fauteuil à haut dossier. Partout les servantes se pressaient, chargées d'énormes vases à eau ou de linges roulés en boule dans un sac.

Zénodote appela le scribe qui lui lut le courrier et reçut ses ordres pour la journée.

– Où est Alexandros ? s'inquiéta Létho.

– Il est parti pour Edfou.

– Pour Apollinopolis Magna ? Voici un garçon qui ne perd pas son temps ! Repartir après un si long voyage !

– Il sera vite de retour.

– Dis-moi, Héléna, comment est-elle, cette Égyptienne qui vit avec ton oncle ?

– Prétentieuse, capricieuse et belle.

– Tu as toujours le jugement si sûr. Qu'en penses-tu ?

– Rien de bon, mère.

Après avoir satisfait la curiosité de Létho, Héléna emprunta un escalier et monta sur le toit où avaient été alignés des silos à grains. Elle réveilla par mégarde un serviteur qui s'était endormi au soleil et qui s'excusa maintes fois avant de disparaître.

Les branches des palmiers doums et des grenadiers ombrageaient à peine la terrasse. Une servante égyptienne la nettoyait comme autrefois avec du natron, du *bébit* et du poisson séché. Elle semait derrière elle des graines d'oignon pour faire fuir les serpents, de la graisse de loriot contre les mouches et du frai contre les puces. Une autre s'apprêtait à mettre le feu à des excréments de gazelle pour empêcher que le grain soit mangé par les rats. Une autre encore tournait dans un large récipient un mélange de résine de térébinthe, d'encens et d'orange qu'elle promènerait ensuite dans toutes les pièces de la maison pour en ôter les mauvaises odeurs.

Pendant que la potion cuisait, elle prononçait quelques incantations auprès d'une branche d'acacia qu'elle avait plantée la veille dans un pot en céramique afin de chasser tous les insectes nuisibles.

Héléna n'avait guère l'habitude de voir de telles pratiques car elle avait été élevée à Alexandrie, loin des antiques coutumes égyptiennes, mais elle avait déjà observé ces gestes ancestraux quand elle venait chez son oncle.

Alexandros avait raison d'affirmer que rien ne valait un voyage au cœur de l'Égypte pour connaître les Égyptiens. Les Alexandrins en étaient si éloignés.

L'inquiétude l'envahit de nouveau. Alexandros avait-il eu raison de s'éloigner du domaine ? Pouvait-on encore attenter à sa vie si loin d'Alexandrie ? Elle frémit en revoyant la flèche effleurer son époux. N'était-ce pas elle qui l'encourageait à devenir pharaon ? Était-ce une si bonne idée ?

Elle redescendit dans le jardin et gagna celui de son oncle. Son angoisse disparut presque aussitôt quand elle entendit la voix de ses cousins Sétoui et Khoufou qui se querellaient. Quand ils étaient plus jeunes, il ne se passait pas une journée sans qu'ils ne se chamaillassent. Khoufou affichait la même assurance qu'autrefois, tandis que Sétoui parlait bas, hésitait, comme à l'accoutumée, sceptique et pessimiste.

Les enfants jouaient près de la pièce d'eau. Tyi et Abi se disputaient, elles aussi, mais sans réelle animosité. Il s'agissait de querelles de femmes sans conséquence.

– Sétoui a beau t'obéir et tu as beau crier, moi, je ne céderai pas ! disait Abi.

Elle avait le visage lisse et ne semblait que rarement s'emporter.

– Quel âne bâté tu fais ! cria Tyi. Je te dis qu'il vaut mieux disposer le mobilier de cette façon ! Ce sera plus gai pour les enfants.

Abi faisait mine de ne pas avoir entendu.

– Tyi a raison, dit Tamit en venant du bosquet qui ombrageait la pièce d'eau.

– Je n'ai pas besoin de ton soutien, Tamit, répliqua Tyi. Je suis la maîtresse de maison en l'absence de Koblos et je prends les décisions qui me plaisent.

– Ma seule intention était de vous aider, dit Tamit, vexée. Je rends ici des services sans jamais obtenir un remerciement…

– Nous nous passons de ton avis, ajouta Tyi.

– Ah ! Si ta belle-mère était encore en vie, tu ne m'aurais jamais parlé sur ce ton. Elle m'appréciait tant !

– Comme Koblos.

– Oui. J'ai élevé vos époux et vous me montrez une ingratitude intolérable.

– Même Koblos, avoue-le. Ne souhaitais-tu pas l'épouser ?

Tamit rougit.

– Un dieu le guidera peut-être un jour vers moi…

Tyi éclata de rire.

– Pauvre folle ! Accepte la vie comme elle est. Tu n'es qu'une servante, même si mon beau-père te montre parfois de l'affection.

Tamit lui jeta un regard noir.

– Cette réplique te coûtera cher, Tyi. Les dieux punissent les femmes comme toi !

Comme la nourrice s'était retirée, les larmes aux yeux, Abi prit tranquillement la parole.

– Pourquoi as-tu été odieuse avec Tamit ? Tu lui as fait de la peine.

Tyi ricana.

- Allons donc ! Tamit n'a jamais de peine. Elle est sournoise et ne songe qu'à attiser les désaccords entre nous.

- Tu vois le mal partout.

- Je le discerne là où il est, crois-moi. Tamit n'est pas aussi bonne qu'elle voudrait nous le laisser croire.

Héléna n'avait nullement envie de se mêler à la conversation. Elle passa discrètement devant la chambre de Nekhti qui somnolait, éventé par deux servantes, puis elle sortit loin du tumulte de la maison.

Au moment où elle s'apprêtait à gagner l'endroit où Koblos avait choisi sa future tombe, tout près de celle de son épouse défunte, et où des ouvriers s'activaient déjà (car les Égyptiens se préoccupaient très tôt de leur passage dans le monde d'Osiris), elle vit Khoufou qui partait vers le Nil d'un pas décidé et Sétoui qui venait vers elle. Son cœur se mit à battre. Lorsqu'il la vit, Sétoui lui fit signe de l'attendre. Il marchait si discrètement qu'on entendait à peine ses sandales fouler le sol. Son sourire était réconfortant.

- Mon cher Sétoui, si tu savais comme il est bon de te retrouver, lui dit Héléna. Je me rendais à la tombe pour voir où en étaient les travaux. Je suis étonnée que Koblos ait manifesté le désir de se faire enterrer comme les

Égyptiens et de préparer sa tombe si longtemps à l'avance.

Sétoui lui prit les mains et l'embrassa.

- Mon père est aussi égyptien que grec.

- Alors que tous les Égyptiens de haut rang adoptent les mœurs helléniques ? Je ne puis le croire.

Elle pensa que Nahouri n'était sans doute pas étrangère à ce comportement. Aussi n'insista-t-elle pas. Sétoui découvrirait bien assez tôt la compagne de Koblos. « Ce n'est pas lui qui entrera en conflit avec elle, se dit-elle. Sétoui acceptera le choix de son père. Je redoute bien davantage la réaction des autres. »

- Tu ne connais pas Ramsès, lui dit Sétoui. Je vais te le présenter. Il s'occupe précisément de la tombe de père, des salaires des ouvriers, des dépenses que cette construction entraîne. Mais il dresse aussi les inventaires, établit les bilans, gère les stocks...

- En somme, il est indispensable.

- Tu as trouvé le mot juste ! s'exclama un homme derrière eux.

- Mon oncle ! cria presque Héléna tant elle était surprise.

- Eh oui ! Me voilà chez moi ! Mon bon Sétoui, va prévenir la famille, que je salue tout le monde !

Sétoui embrassa tendrement son père. Il était sur le point de s'exécuter lorsque Nahouri s'avança. Elle passait une fleur de lotus sur ses lèvres en regardant Sétoui avec des yeux provocateurs.

- Va, va, mon fils !

Sétoui s'éloigna en courant. Peu de temps après, la famille était réunie. Koblos dit à chacun sa joie de les revoir, puis il plaça Nahouri devant lui comme s'il cherchait à l'imposer. La peau de l'Égyptienne était plus hâlée que celle de Tyi ou d'Abi. Elle était plus mince et ses cheveux étaient plus noirs. Derrière ses cils épais roulaient des yeux vifs et observateurs qui partaient en amande vers ses tempes.

- Mes enfants, dit Koblos, et toi, mon frère, je voudrais que vous acceptiez Nahouri et que vous considériez qu'elle fait dorénavant partie de la famille.

Comme Tyi faisait à Khoufou une remarque désagréable sur le regard effronté de l'Égyptienne, Koblos s'adressa à elle.

- Je vous connais tous et je compte sur toi, Tyi, pour aimer Nahouri. Tu viens de rappeler à ton époux que je n'ai jamais amené de femme ici par égard pour mon épouse. Il est loin le temps ou ma chère aimée a rejoint l'Hadès. Nahouri veillera sur mes vieux jours. Venez la saluer.

Tous s'exécutèrent sans chaleur. A ce moment arriva Nekhti qui dévisagea Nahouri avant de lui tendre la main.

– Mon fils t'a choisie. Sois la bienvenue, mais garde-toi de vouloir faire la loi dans cette maison !

Koblos bougonna.

– Nahouri sera dorénavant la maîtresse de maison. Je lui ai offert des vêtements et des bijoux pour qu'elle soit digne du maître de ce domaine. Elle n'est pas sotte et est habituée à vivre à la ville. Faites en sorte qu'elle ne s'ennuie pas ici.

– Après les ventes catastrophiques qu'a réalisées Sétoui, il n'était pas nécessaire de faire de nouvelles dépenses, murmura Khoufou.

Tamit se précipita vers Nahouri et prit son coffre à bijoux.

– Viens, dit-elle, je vais te conduire aux appartements du maître. Un bon massage te délassera les jambes et les épaules.

Koblos retrouva le sourire.

– Voilà la réaction que j'attendais ! s'exclama-t-il.

– Nahouri est si belle ! renchérit Tamit. Personne ne pourrait te reprocher de choisir une telle compagne ! Tu travailles pour nous tous, ici. Tu as droit, toi aussi, au bonheur.

Tyi et Abi étaient déjà rentrées.

– Les femmes le comprennent-elles ?

– Moi, je le comprends et je t'approuve, dit Tamit. Tes enfants doivent t'obéir et accepter tes choix !

– Tu as raison ! dit Koblos, et je saurai bien le leur faire comprendre ! Ah ! mes chers fils, rajouta-t-il en prenant Apouy et Didou par les épaules, vous m'avez tant manqué ! Rentrons à la maison.

– Je ne doute pas que l'Égyptienne ait égayé ses jours de solitude..., murmura Khoufou à Sétoui en les suivant. Qu'en penses-tu ? Elle me paraît bien peu farouche !

– Tais-toi, Khoufou ! Tu parles trop. Père pourrait t'entendre.

– Et alors ? Je ne rampe pas comme toi devant lui.

A ce moment, Koblos se retourna. Sétoui devint si rouge que son frère se moqua de lui.

– Avant tout, je souhaiterais que Ramsès et toi, Sétoui, me fassiez un bref compte rendu de ce qui s'est passé en mon absence.

– Ramsès se trouve à la tombe..., dit Sétoui.

– Va le chercher. Je vous attends dans ma chambre. Je vais m'étendre un peu.

Khoufou ricana entre ses dents.

– Tu risques d'être déçu ! dit-il à son père.

– C'est à moi de juger, Khoufou, répondit sévèrement Koblos. Et à moi seul !

9

Koblos travailla plus tard que prévu.

– Tu t'es fait rouler, mon pauvre Sétoui, conclut Koblos. Comment as-tu pu vendre à si bas prix ?

– Je le lui ai dit ! répliqua Khoufou. Ce n'est pas ainsi que nous nous agrandirons !

– Nous ne cherchons pas à étendre le domaine, mais à le conserver, dit Koblos.

– C'est bien là ce que je te reproche ! Si tu me laissais agir, nous gagnerions deux fois plus d'argent !

– Quand auras-tu donc la tête sur les épaules ? Tu te disperses. Tu brasses mille idées, mais tu es incapable de te concentrer sur une seule. A t'entendre, tu renverserais des montagnes, alors que tu es juste capable d'élever tes enfants ! Comment puis-je te faire confiance ? On dirait que tu prends un malin plaisir à faire l'inverse de ce que je souhaite.

- J'agis comme je le juge bon, c'est tout, répliqua Khoufou.

- Sans tenir compte de mes instructions...

Ramsès tenta de calmer les hostilités.

- Ce n'est guère le jour de vous quereller, dit-il. N'êtes-vous pas heureux de vous retrouver ?

- Ramsès a raison, répondit Koblos en baissant la voix. Tu parviens toujours à m'irriter, même quand je suis dans d'excellentes dispositions. N'est-ce pas moi qui dirige, ici ? Sans moi, que deviendriez-vous ? Vous n'avez pas besoin de réfléchir ni de dresser des plans pour votre avenir. Vous n'avez qu'à m'assister.

- Justement, répondit Khoufou. Nous t'avons aidé et nous n'hésitons pas à travailler le mieux possible, mais aujourd'hui, nous sommes en âge de prendre des décisions, et je trouve parfois que tu as un peu... enfin, que tu manques d'esprit d'initiative.

Sétoui frémit tandis que Koblos devenait rouge de colère et que les veines de son cou se gonflaient.

Ramsès les observait sans rien dire.

- Est-ce que je te reproche de dilapider notre argent en achetant des bijoux à une étrangère ? ajouta Khoufou sans se troubler.

- Si tu prononces encore une parole, toi et ta famille pouvez quitter cette maison ! dit Koblos, hors de lui.

Khoufou éclata de rire.

- Je disais précisément à Abi que j'étais suffisamment brillant pour que mon talent fût apprécié par d'autres ! Tu n'as pas besoin de me dire de partir pour que je m'en aille spontanément !

Ramsès regarda Koblos d'un air entendu.

- Allons, allons, mon fils, nous nous emportons. Faisons la paix.

- N'oublie jamais ce que je viens de dire, répéta Khoufou en ponctuant chaque mot. Jamais ! Sinon je quitterai cette maison sur-le-champ !

Il sortit furieux et faillit heurter Nahouri qui visitait chaque pièce d'un pas nonchalant.

- Quel enthousiasme ! dit-elle, un sourire narquois au coin des lèvres.

Khoufou se retint avec peine de lui dire ce qu'il avait sur le cœur. Il hésita un instant puis il partit en ronchonnant.

- Khoufou ! l'appela Nahouri. Tu es bien Khoufou, n'est-ce pas ?

L'intéressé se retourna vivement.

- Tu n'as pas l'air de m'aimer, Khoufou, lui dit Nahouri.

- Tu aurais mieux fait de ne jamais venir jusqu'ici et, si j'ai un conseil à te donner, c'est de partir au plus tôt !

Nahouri lui répondit calmement :

- Mais ton père m'aime et je veux devenir son épouse.

- Ce jour-là n'est pas encore arrivé, Nahouri, lui répondit Khoufou.

- Tu ferais mieux d'être de mon côté, Khoufou.

- Et toi du mien, répondit celui-ci. Tes menaces ne m'inquiètent guère et je n'en ai que faire.

L'Égyptienne continuait à sourire. Elle poursuivit sa visite en chantonnant.

Koblos s'en voulait de s'être ainsi emporté.

- Allons, ce n'est pas grave, lui dit Ramsès. Khoufou a besoin de recevoir une leçon de temps en temps. Mais il te faut prendre une décision. Tu es souvent absent. Tu dois donc éclaircir la situation et confier tes biens à l'un de tes enfants.

- N'est-ce pas ce que je fais ? répliqua Koblos en regardant Sétoui.

- Si tu le veux bien, Sétoui, ajouta Ramsès, je souhaiterais parler à ton père en privé.

Sétoui se retira le plus discrètement possible.

- Réunis la famille et dis-leur que tu choisis l'un de tes fils pour prendre les décisions avec toi. Vous seriez deux à gérer officiellement ce domaine.

- Didou et Apouy ne pensent qu'à cela.

Ramsès hocha la tête. Ses cheveux courts lui faisaient la tête encore plus ronde qu'elle n'était. Il était petit et trapu. Ses sourcils étaient si épais qu'ils paraissaient toujours froncés et ses cils étaient si touffus que l'on discernait avec peine son regard vif et intelligent.

- Ce n'est pas à eux que tu songeais ?

- Non, répondit le scribe. Je pensais à Sétoui.

- Héléna m'a tenu à peu près le même discours à Memphis.

- Ta nièce est sage. J'ai hâte de la connaître.

- Je réfléchirai à tout cela, répondit finalement Koblos.

- Ne perds pas de temps. Tu n'as déjà que trop attendu.

Koblos l'approuva de la tête tout en hésitant encore.

*

Comme la réunion de travail se prolongeait, Tyi était plusieurs fois venue tendre l'oreille à la porte du bureau de son beau-père. Elle avait entendu avec satisfaction les reproches que Koblos adressait à Khoufou et elle espérait bien que son époux oserait enfin parler à son père pour lui réclamer ce qui lui était dû, une fonction qui l'impliquât davantage dans la gestion du domaine.

Quand elle le vit sortir, la tête basse, elle comprit que Sétoui n'avait encore rien demandé.

- Le moment était mal choisi. Mais je suis sûr que Ramsès a parlé en ma faveur, lui dit-il.

– Qu'attends-tu de Ramsès ? gronda Tyi. N'as-tu pas compris que, dans la vie, il ne faut compter que sur soi ? Ramsès prendra la place qui t'est due.

Sétoui tenta de la calmer.

– Il est préférable que Ramsès parle pour moi. Père a confiance en lui.

– J'avais raison ! Tu as peur de ton père. Tu as fait de mauvaises tractations et tu crains de te faire taper sur les doigts comme un enfant. Nahouri a bien compris qu'il fallait s'imposer, elle !

– Mais elle est belle et cela lui est plus facile !

Tyi répliqua avec aigreur :

– La trouves-tu aussi belle qu'Héléna ?

Sétoui rougit.

– Ah ! elle te plaît, Héléna ! insista Tyi.

– Je considère Héléna comme ma cousine, répondit calmement Sétoui. Nahouri a beaucoup de charme…

– Ce n'est qu'une courtisane avec des airs de fille des rues. En quoi aurait-elle droit à la parole ici ? Ton père serait-il assez gâteux pour l'écouter plus que son fils aîné, l'héritier de cette maison ?

– As-tu déjà à te plaindre de Nahouri ?

– Oui. C'est une pimbêche qui déambule dans cette maison comme si elle régentait tout.

– Laisse-lui une chance d'être acceptée.

– N'aie crainte, répondit Tyi avec sarcasme. Abi l'a aidée à s'installer. Mais un temps viendra où tout se gâtera pour elle.

Sétoui la regarda, intrigué.

– Tu n'es qu'un sot ! dit-elle. Tu es tellement bon que tu ne vois le mal nulle part. Koblos ne sera pas toujours là pour protéger sa chère concubine...

Sétoui se serait emporté s'il en eût été capable.

– Ne parle pas ainsi, Tyi, dit-il. Tu me fais peur ! Prends plutôt soin de Mielos. Le voilà encore parti.

L'enfant de Sétoui, qui n'avait que cinq ans, avait pris l'habitude de courir dans l'escalier dès que sa mère avait le dos tourné. Celle-ci l'appela en vain. Mielos entraîna la fille aînée de Khoufou vers les marches et y jeta un jouet en bois qui rebondit de degré en degré avant de se casser près de Nahouri, qui avait fini son inspection et qui remontait dans l'appartement de son époux.

– Quelle petite peste ! dit-elle à la fille d'Abi qui descendait, affolée, l'escalier le plus rapidement possible.

Comme Mielos s'agrippait à elle pour éviter de tomber, Nahouri l'écarta si vivement qu'elle le fit tomber.

– Tu as taché ma robe ! cria-t-elle en colère. Que ces enfants sont donc mal éduqués !

– Ce geste n'était pas nécessaire, lui dit Abi en tenant les deux enfants contre sa poitrine.

– Tu devrais te faire obéir de ces petits démons, lui dit Nahouri.

-Tu élèveras tes enfants comme tu l'entendras, Nahouri, lui dit Tyi en lui barrant le passage, mais tu ne feras jamais la loi ici ! Tu regretteras ce geste, je te le jure !

Nahouri éclata de rire.

- Le maître de cette maison souhaite maintenant se reposer, dit-elle. Je vous conseille donc d'emmener cette fillette qui braille.

- Comment ? dit Abi. Mais Koblos a toujours aimé entendre ses petits-enfants. Il affirme que leurs cris et leurs jeux le mettent en joie !

- Plus maintenant. Nous voulons nous reposer et il serait bon que vous vous éloigniez avec ces mauvais enfants désobéissants et bruyants.

Comme Abi allait encore répliquer, Koblos apparut en haut de l'escalier. Il en avait fini avec Ramsès et avait hâte de se retrouver seul avec Nahouri.

- Elle a raison, dit-il à Abi. C'est moi qui ai donné ces ordres. Nahouri est très attentionnée à mon égard. Je lui en suis reconnaissant.

- Mais, Koblos, tu as toujours aimé entendre tes enfants...

Nahouri interrompit Abi.

- Je suis étonnée que le maître de cette maison voie ses ordres discutés ! dit-elle. Il n'en était pas ainsi à Memphis, dans la demeure de mon père !

Koblos l'approuva.

- Ne vois-tu pas où elle veut en venir ? lui cria Tyi. Cette femme prétend changer les habitudes de cette maison, alors qu'elle vient à peine d'y entrer ! Elle cherche les heurts et les disputes !

– Mais non, dit Koblos. Elle ne veut que mon bien-être. Qu'avez-vous tous, aujourd'hui ? Qui respectera donc Nahouri ? Je l'ai choisie. Je veux qu'on l'aime et qu'on la respecte ! Je veux aussi que mes ordres soient exécutés ! Que se passe-t-il donc ici ? Khoufou m'a manqué de respect et vous deux venez maintenant me harceler !

Tyi secoua le bras de Sétoui.

– Mais parle-lui ! Ne comprends-tu pas le manège de cette fille ?

– Ce bambin est le portrait craché de sa mère, dit Nahouri. Sétoui, lui, est tellement calme, tellement doux… Je me demande, Sétoui, comment Koblos peut supporter de tels piaillements toute la journée. Vous lui devez tous du respect.

– Nahouri a raison, dit Koblos. Khoufou m'a dit qu'il partirait s'il n'était pas satisfait des ordres que je donne ici. J'ai eu la faiblesse de le retenir. Eh bien ! Qu'il parte avec toi, Abi, et avec ses enfants s'il le souhaite !

Abi blêmit. Elle s'approcha de l'Égyptienne et lui dit froidement :

– Je te hais, Nahouri. Jamais Koblos n'aurait parlé ainsi si tu étais restée à Memphis !

L'Égyptienne suivit Koblos en riant. Quand elle passa à la hauteur de Tyi et de Sétoui, elle murmura :

– Mais où est donc Héléna, Sétoui ?

10

Héléna partit tôt le lendemain matin en direction de la future tombe de Koblos, où s'affairaient déjà de nombreux ouvriers sous la direction d'un chef. Le chemin qui menait à la tombe grimpait légèrement si bien qu'Héléna domina bientôt le domaine de son père et celui de son oncle.

Elle s'arrêta un instant pour se reposer et s'assit sur une pierre pour contempler le Nil gris, sur lequel avançaient lentement des barques aux voiles carrées. Au-delà du fleuve et des villes qui le bordaient s'étendaient de larges plateaux désertiques.

D'où elle était, Héléna pouvait contempler l'activité des paysans qui alignaient leurs énormes jarres de froment, d'orge, de *dourah*[1] et de

---

1. Céréale.

lentilles, ou qui mettaient à l'abri ail, gesse, nigelle et faveroles.

Un fonctionnaire alexandrin vérifiait la production de sésame, de ricin, de coloquintes et de carthame[1]. A ses côtés, un scribe prenait des notes sur la quantité de lin disponible dans le domaine de Koblos.

Les vergers, que les Égyptiens appelaient « paradis », étaient riches de palmiers, d'acacias et de sycomores. Zénodote et Koblos vendaient ces bois pour la construction des maisons, tandis qu'ils fabriquaient, avec les palmes, du vin qui égalait parfois l'*erpi*[2] et l'alcool de Maréotis.

De même qu'ils avaient développé la culture des oliviers à Alexandrie et au Fayoum, les Grecs avaient contribué au développement de la viticulture dans toute l'Égypte.

Héléna était entourée de plantes aux odeurs agréables : ladanum, cinnamome, cypros, myrobalanum, dont la chaleur intensifiait les senteurs. Les exhalaisons du cypros lui rappelaient Canope, où cette plante avait la réputation d'être la plus belle.

Pendant un long moment, Héléna observa cette fourmilière de travailleurs qui s'occupaient de la rotation des cultures et de l'élevage

---

1. Plante aussi appelée safran bâtard, dont on extrait la carthamine, entrant dans la confection des fards.
2. Vin égyptien.

des pigeons dont la fiente servirait à fertiliser les champs. Les chadoufs, les sakiehs activées par des ânes et par de rares chameaux complétaient l'irrigation du Nil. Quelques chevaux, des troupeaux de moutons de Xoïs et des chèvres étaient disséminés çà et là.

Un peu plus loin, des paysans ramassaient des joncs dans les mares que le Nil avait formées en se retirant après avoir inondé la terre. Ces *byblos* permettraient la fabrication du papier qui serait vendu dans le monde entier, quand il ne servirait pas aux Égyptiens pour une activité moins pacifique, la chasse, car ils étaient si denses qu'il était facile de s'y cacher dans l'attente d'une proie.

- Quelle vie intense, n'est-ce pas ?

Héléna sursauta.

- Tu m'as fait peur, dit-elle à Sétoui.

- Je monte parler à Ramsès. Veux-tu m'accompagner ?

La douceur de la voix de Sétoui troubla Héléna.

- Rien n'est comparable au Nil quand il recouvre la vallée, ajouta-t-il. Te souviens-tu des jours qui suivent le retrait des eaux ? Des rats courent dans la boue, fuyant les paysans qui s'enfoncent dans le limon pour ensemencer la terre. Le sol est si tendre qu'il est inutile de le retourner. Seul un troupeau de porcs est indispensable pour piétiner les graines et les enfoncer.

Héléna lui prit la main et lui demanda de la conduire auprès de Ramsès.

– Cette promenade me rappelle celles que nous faisions autrefois ensemble. Ta présence me réconforte, Sétoui.

Il lui serra la main davantage. Lui aussi éprouvait beaucoup d'affection pour sa cousine.

Ramsès faisait une évaluation des derniers travaux.

– Koblos souhaite que Nahouri ait sa tombe à côté de la sienne, dit-il à Sétoui. Il veut les mêmes ornements à l'intérieur et les mêmes artistes pour les réaliser. Tout cela coûtera cher.

– Nahouri est si belle ! répondit Sétoui. Comment lui résister ?

Ramsès l'observa en fronçant les sourcils.

– Tu as l'air fatigué.

– Oui, je suis las car je n'ai guère dormi. Abi et Tyi se sont disputées très tard avec Nahouri. Ensuite, Tyi m'a reproché de ne pas parler à mon père. Quant à Khoufou, il a quitté la maison et est rentré saoul. Il a réveillé tout le monde en se couchant.

– Il est vrai que Nahouri provoque toute la famille, renchérit Héléna. Cette femme est méchante.

– Peut-être a-t-elle ses raisons ? suggéra Ramsès d'un air mystérieux.

– Cela m'étonnerait, dit Héléna.

Khoufou les rejoignit, l'air hagard. Il était pâle et avait les paupières rouges. Il secoua ses solides épaules comme pour se réveiller.

– Il n'est pas question que père dépense tout son argent dans la construction d'une tombe pour sa concubine, dit-il, la bouche pâteuse. La couvrir de bijoux de son vivant est déjà inadmissible. Une concubine n'est pas une épouse. Elle ne sera jamais notre mère, de toute façon.

Il contempla soudain l'entrée de la tombe d'un regard étrange.

– Après tout, si l'aménagement de ce tombeau pouvait entraîner la mort de Nahouri...

– Khoufou ! s'exclama Héléna. Comment oses-tu parler ainsi ? Quoi qu'il en soit, Nahouri ne doit pas considérer sa mort comme un obstacle à son pouvoir sur ton père. N'oublie pas qu'elle est égyptienne dans l'âme plus que nous qui avons du sang grec dans les veines.

– Ma mère était égyptienne, gronda Khoufou, mais je ne suis pas stupide. Une compagne morte n'a pas la même influence qu'une concubine vivante et belle.

– Sur ce point, Khoufou a raison, intervint Ramsès, l'air songeur. Koblos ne considère pas la mort comme nous autres Égyptiens, même s'il a le caprice de désirer un tombeau digne des anciens hauts fonctionnaires. Si Nahouri meurt avant lui, je doute qu'il reste attaché à cette femme. Il l'oubliera. Seule demeurera dans son souvenir la mère de ses enfants.

La bouche de Khoufou se pinça.

- Je crois, Ramsès, dit-il, que tu viens d'apporter la solution à nos problèmes.

- Que veux-tu dire ? demanda Sétoui, effrayé par la détermination de son frère. Que Nahouri serait moins dangereuse morte que vivante ?

Comme Apouy et Didou les rejoignaient eux aussi, inquiets des décisions de leur père, les deux adolescents, qui n'avaient qu'un an de différence, approuvèrent les paroles de Khoufou.

- Cette Égyptienne a osé me ridiculiser devant mon propre père ! clama Apouy. Lui qui me préférait, lui qui écoutait tout ce que je lui disais ! Elle a pris ma place dans son cœur !

Didou intervint. Lui aussi voulait être le préféré, sans doute parce qu'il était le plus jeune et que Koblos cédait à tous ses caprices. Tous deux étaient beaux et grands.

- Un autre moyen de se débarrasser de Nahouri serait de la séduire, avança Didou. S'il s'aperçoit qu'elle s'attache à l'un d'entre nous, mon père la chassera.

Ramsès sourit.

- Quel enfant tu fais ! dit-il à Didou. Crois-tu que Nahouri commettrait une pareille erreur ? Elle est bien trop contente d'être ici. Gâcherait-elle tout en tombant stupidement amoureuse ? Permets-moi d'en douter.

- Nous l'aurons ! dit Khoufou. C'est pour moi une certitude. Comment ? Les moyens importent peu !

Il s'éloigna en se tenant la tête comme s'il n'avait pas encore tous ses esprits.

- Le pauvre Khoufou s'est mis dans un état ! Les effets de la boisson agissent encore sur ses raisonnements.

- Je ne crois pas, Héléna, répondit Ramsès. Khoufou est parfaitement lucide. Il pensait ce qu'il disait.

- Mais il a parlé de mort ! s'exclama Héléna. Crois-tu que Khoufou soit capable de commettre un meurtre ?

- Koblos m'a raconté combien il était violent quand il était enfant, surtout lorsqu'on le contrariait. Il lui arrivait fréquemment de se battre avec Sétoui ou avec les garçons de son âge.

- C'est vrai, reconnut Sétoui.

Héléna sourit à ce souvenir.

- Mais il s'agissait de garnements qui se battaient ensemble. Lorsqu'il n'avait pas le dessus, Khoufou en faisait une telle maladie qu'il vomissait parfois toutes les pâtisseries que Tamit lui avait préparées pour le calmer !

- Je dois parler à Koblos, dit Ramsès sans rien ajouter.

*

Sétoui, Apouy et Didou rentrèrent avec Ramsès. Dès qu'elle fut seule, Héléna sentit une présence derrière elle. Elle faillit pousser un cri.

- Je ne te savais pas émotive, lui dit Nahouri, qui se tenait debout, telle une apparition, dans sa blanche tunique de lin.

- As-tu... entendu notre conversation ? lui demanda maladroitement Héléna.

- Rassure-toi, répondit Nahouri, un sourire aux lèvres. Je ne suis pas une espionne. Si j'ai besoin de savoir quelque chose, je le demande tout simplement à Tamit. Elle prend soin de moi et me renseigne sur tout. Plus rien ne semble l'intéresser que mon confort.

- Tamit a toujours été une servante dévouée, répondit Héléna. Tu viens donc voir l'emplacement de ta tombe ?

Nahouri haussa les épaules.

- Je suis sûre que mon père n'acceptera jamais que je ne sois pas enterrée à Memphis. J'ai croisé Ramsès et Sétoui. Je suis frappée par l'intérêt que te porte ton cousin. Il semble beaucoup t'aimer.

- Nous avons de l'affection l'un pour l'autre. Nous jouions ensemble lorsque nous étions plus jeunes.

- Mais les enfants grandissent...

- A quoi fais-tu encore allusion ?

– Tu es décidément bien naïve ! dit Nahouri. Alexandros n'est pas plus tôt parti que Sétoui tourne autour de toi.

– Comment peux-tu donc avoir l'esprit si retors ?

– J'observe seulement les choses de la vie, dit Nahouri. Pourquoi te défends-tu avec une telle véhémence ? Si tu avais bonne conscience, tu ne réagirais pas ainsi.

Révoltée, Héléna était sur le point de partir, quand elle se ravisa. Pourquoi l'Égyptienne se comportait-elle ainsi ? Qu'est-ce qui la poussait à être si désagréable ? Avait-elle connu des malheurs dans sa vie ? Se rendait-elle compte qu'elle jouait un jeu dangereux et que la famille liguée contre elle pouvait avoir raison de ses charmes ?

Les yeux de Nahouri se portèrent sur l'entrée du tombeau.

– En réalité, nous habitons un petit village près de Memphis, dit-elle. Mon père est un grand marin et un commerçant respecté. Il organisait des expéditions dans le désert. Il est parti chercher des pierres en calcaire près de la région de Ptolémaïs pour l'agrandissement des temples, du grès, du granit de Syène, du porphyre dans le désert de la mer Rouge, de l'or au sud, du cuivre au Fayoum, de l'albâtre…

Nahouri avait pour la première fois un visage humain. Ses traits se détendirent. Ses yeux s'ouvrirent et brillèrent. Elle accompagnait son discours de gestes nombreux et éloquents.

– Ton père doit être puissant et riche, dit Héléna.

– Il l'était. Il était surtout plus averti que ces cultivateurs qui nous entourent.

– Sais-tu que mon père Zénodote était responsable de la grande bibliothèque d'Alexandrie ?

Nahouri la regarda avec étonnement.

– Tu me parais cultivée, toi aussi, ajouta Héléna. Si tu le souhaites, nous pourrions nous entretenir de nos lectures, de nos connaissances...

Comme si elle avait pris conscience de s'être livrée plus qu'elle ne devait, Nahouri éclata d'un rire moqueur. Puis elle s'éloigna en pressant le pas.

Héléna entendit longtemps son rire clair et cruel résonner dans sa tête. Qui était donc cette jeune femme étrange ? Pourquoi était-elle devenue la compagne d'un homme beaucoup plus âgé qu'elle, si ce n'est pour obtenir de lui des bijoux et de l'argent ? Qu'avait-elle voulu dire en précisant que son père avait été riche ? Avait-il dilapidé sa fortune ?

En se retournant vers le chemin qu'avait emprunté Nahouri, Héléna entendit subitement des cris. Elle crut reconnaître la voix d'Abi. Aussi se précipita-t-elle vers le sentier. Quand elle arriva à la hauteur d'Abi, celle-ci était dans une telle colère qu'Héléna ne l'avait jamais vue ainsi.

– Que se passe-t-il ? lui demanda Héléna.

– L'Égyptienne a encore osé porter la main sur ma fille !

– Quand donc ?

– Tout à l'heure ! Si elle recommence, je la tue !

– Que lui a-t-elle fait ?

– Elle lui a donné une claque parce qu'elle faisait trop de bruit en jouant. La claque était si forte que ma petite fille n'entend plus rien de l'oreille gauche !

– Et que lui as-tu dit à l'instant ? Je t'entendais crier de la tombe.

– Je lui ai rendu sa claque, c'est tout, et qu'elle ne s'avise plus de recommencer ! Qu'elle aille pleurer maintenant dans le giron de mon beau-père ou dans celui de Tamit ! Elle achète celle-ci par des caresses et des cadeaux que lui offre Koblos !

– Nahouri devait être furieuse...

– Même pas ! Elle est partie en se moquant de moi. Cette femme a le mal en elle !

– Crois bien qu'elle va se précipiter pour rapporter tout cela à Koblos et que tu n'auras pas le beau rôle dans le compte rendu qu'elle lui fera !

– Cela m'importe peu, dit Abi. Je voudrais tant que cette maison retrouve sa sérénité !

11

Alexandros avait hâte de revenir auprès d'Héléna. Il avait de nouveau rencontré les hommes qui l'avaient agressé à Memphis. Il était certain d'être épié et suivi, mais il ne voulait surtout pas en parler à sa femme afin de ne pas l'inquiéter.

Informée de son retour, Héléna l'attendait sur les rives du Nil. Elle était assise, les jambes repliées sous elle, et regardait avec mélancolie les Égyptiennes qui filaient et tissaient le coton, la soie et le lin. Elles tiraient du *byssos*[1] des étoffes extrêmement légères qui n'étaient guère achetées que par des membres du clergé, et, de la laine, des vêtements plus ordinaires et des tapis épais. Non loin d'elles, des menuisiers travaillaient de l'ébène d'Éthiopie et du pin de Cypre.

1. Lin très fin.

Les artisans proposaient aux marins qui accostaient des objets en argent ciselé d'une rare finesse. Parce qu'elle connaissait la verrerie alexandrine, Héléna n'appréciait guère les vases vendus à Tasnit. Mais nombreux étaient les étrangers qui retournaient entre leurs doigts les figurines en ivoire, en onyx ou en ambre et qui les achetaient en grande quantité pour les revendre dans leur pays. Partout, la myrrhe et l'encens répandaient leurs tenaces senteurs.

Les marchands venaient davantage de Basse Nubie que d'Alexandrie. De Philae à l'île de Tachompso gouvernait le roi Ergamène, qui entretenait d'excellentes relations avec Ptolémée. Ses sujets apportaient à Tasnit de l'ivoire, des peaux de crocodiles et d'hippopotames, des plumes d'autruches que les tisseuses achetaient pour orner les vêtements qu'elles confectionnaient.

Sur le marché se vendaient également des esclaves noirs, robustes et musclés, qui ne rechignaient pas à la tâche et qui étaient très recherchés.

Quand ils ne venaient pas à Tasnit par le Nil, les Nubiens suivaient dans le désert les routes des caravanes.

– Nous avons été détournés par une escadre syrienne ! cria le chef d'équipage d'un des bateaux qui étaient en train d'accoster. Il nous a fallu renoncer à l'objectif que nous nous étions fixé et revenir plus tôt que prévu.

– Le roi d'Asie entraîne une flotte dans le golfe Persique, intervint le marchand qui les attendait. Elle a pour mission d'empêcher les Égyptiens de se rendre au centre de l'Asie. Il est actuellement impossible d'aller à Gaza par Pétra ou de continuer sa route au-delà d'Adana. Le pharaon a pourtant fait aménager des ports agréables. Il m'arrivait souvent de faire escale à Philotéra ou aux îles de Myos Hormos, où l'on mange les meilleures pintades d'Égypte ! Je rapportais aussi des émeraudes et des défenses d'éléphants de Bérénice…

– Nous avons laissé la plupart de nos marchandises dans l'île de Dioscoride, dit le premier marin en sautant à terre. Il faudra les transporter par le canal ou pendant la nuit par les routes des caravanes. Moi aussi, j'ai longtemps emprunté la piste pour Leucos-Limèn qui passait par les mines d'or de Fawahir et celle qui allait de Coptos à Myos Hormos par la contrée du porphyre. Quand nous étions pressés, nous prenions la direction de Philotéra. C'était le moyen le plus rapide d'atteindre la mer en partant du Nil. Ptolémée a même fait restaurer la route qui va de Coptos à Bérénice et aux mines d'émeraudes de Zubânâ et de Sékat.

– Rien ne m'a jamais arrêté ! marmonna le marchand. J'ai rapporté des aromates et de l'encens d'Afrique, de la myrrhe de Cattabanie…

- Aujourd'hui, ces produits partent souvent vers la Syrie.

- J'ai même transporté des éléphants vers Soteiras Limèn, où la navigation est si périlleuse et les habitants si sauvages, puis à Ptolémaïs, à l'île de Philippe, au lac d'Arsinoé et au cap de Dirè. Je me suis rendu à Endéra, où vivent les tireurs à l'arc, chez les hommes à barbe qui chassent les buffles, chez les chasseurs d'autruches et les mangeurs de tortues qui n'ensevelissent pas leurs morts mais les jettent dans l'eau, chez les mangeurs d'éléphants et chez ceux qui traient les chiennes… Jamais personne ne m'a empêché d'exercer mon métier ! Le pharaon devrait donner une leçon à ce roi asiatique !

- Heureusement que nous écoulons facilement nos produits dans la mer Égée !

Tout en les écoutant, Héléna fixait sans joie les eaux ternes du Nil. Elle s'étonnait de ne pas être heureuse à la pensée de revoir Alexandros, mais un profond malaise l'habitait.

Son regard fut alors attiré par un groupe de jeunes gens qui discutaient ferme. Quelle ne fut pas sa surprise de reconnaître Nahouri au centre du groupe. Tous l'écoutaient attentivement et commentaient chacune de ses remarques.

D'où elle était, Héléna ne pouvait rien entendre. Aussi se leva-t-elle aussitôt pour se joindre à eux. Mais, dès qu'elle approcha, les jeunes Égyptiens se retirèrent.

- Héléna ! dit Nahouri, surprise. Tu viens rarement au bord du Nil.

- Il m'arrive de venir voir le trafic des mariniers. J'attends Alexandros.

- Ah ! oui, j'avais oublié, dit Nahouri.

- Tu savais qu'il revenait aujourd'hui ? s'étonna Héléna.

- Oui… Enfin non. Je voulais seulement dire que j'avais oublié qu'il était parti.

Pour la première fois, Héléna la trouva décontenancée. Mais l'Égyptienne était trop rusée pour ne pas aussitôt se ressaisir.

- Qui sont ces jeunes gens ? Je ne les connais pas…

- Je les ai rencontrés tout à fait par hasard, répondit Nahouri. Ils travaillent pour mon père à Memphis.

- Ah ! Ils font escale ici.

- Exactement.

- Mais je ne voulais pas les faire fuir !

- Ils ont sans doute cru qu'ils nous dérangeaient. Ce n'est rien.

A ce moment-là, Héléna distingua la voile carrée de la barque d'Alexandros. Elle se mit à faire de grands gestes.

- Je vous laisse, dit Nahouri en s'éloignant.

Héléna n'eut pas le temps de la retenir qu'elle était déjà partie. Alexandros descendit à terre sans attendre que les mariniers eussent achevé leurs manœuvres. Il serra tendrement Héléna contre lui et lui demanda des nouvelles de sa famille.

– Tu n'es parti que trois jours ! lui répondit Héléna en retrouvant le sourire. Il est vrai que mon oncle est revenu avec Nahouri et que, depuis, l'atmosphère est plutôt tendue...

Pendant qu'une voiture les ramenait au domaine, Héléna lui raconta la discussion qu'elle avait eue avec l'Égyptienne.

– Nahouri dissimule de nombreux détails de sa vie, lui dit-elle. Son agressivité cache peut-être une profonde tristesse. A l'exception de Tamit, tout le monde s'est ligué contre elle. Elle a reçu, ce matin, un broc d'eau sur la tête au moment où elle sortait. Hier soir, un serpent sifflait sous son lit. Curieusement, Abi et Tyi l'évitent. Nekhti est furieux. Il déclare qu'elles tentent de persécuter Nahouri et que l'Égyptienne finira par se plaindre à Koblos.

– Le brave homme craint que ton oncle ne choisisse Nahouri et ne chasse ses belles-filles.

– Koblos est si faible avec elle !

– Parce qu'elle est jeune et belle. A-t-il accepté de donner plus de liberté à ses fils ?

– Oui, je crois. Sétoui sera officiellement responsable du domaine lorsqu'il s'absentera.

– Alors, rien n'est perdu.

Quand ils arrivèrent chez Zénodote, la maison était si calme qu'Héléna chercha sa mère pour savoir ce qui se passait. Mais elle ne la trouva pas. Elle s'apprêtait à se rendre chez Koblos quand celle-ci l'en empêcha.

- Je te cherchais...

- Alexandros est de retour ?

- Oui. Il est monté prendre un bain pour se détendre.

- Décidément, rien ne va plus, dit Létho à Héléna. Koblos nous a demandé d'être présents pour que nous soyons tous informés de ses décisions. Nahouri s'est plaint d'être maltraitée. Aussi a-t-il ordonné à ses enfants de partir d'ici au plus vite. Plus question de confier à Sétoui ou à Khoufou la moindre initiative ! Sa seule héritière sera Nahouri. Il ne veut plus voir que Tamit et Ramsès.

- Par Sérapis, voilà ce que je redoutais ! répondit Héléna, désemparée. Koblos perd la raison.

- Il a surtout perdu tout raisonnement sain. La beauté de Nahouri l'aveugle. Je crains le pire...

- Comment ont-ils réagi ?

- Qui ?

- Tous ! Didou, Tyi, Abi, Khoufou...

- Sétoui n'a rien dit, mais il était extrêmement pâle, répondit Létho. Khoufou a explosé de colère. Ramsès leur a conseillé d'attendre que la fureur de Koblos s'apaise.

- Et Tyi ?

- Tu la connais. Elle n'y a pas été par quatre chemins. Pour elle, quand un venin court dans les veines, il faut administrer un antidote. Elle a même juré de s'en occuper elle-même si Khoufou était trop peureux pour le faire.

- Elle aussi a perdu la raison… Il faut l'en empêcher. Même si elle agit avec ruse, Tamit saura bien la confondre. Mon oncle sera aussitôt informé et ce sera fini.

- Il faudrait aussi raisonner Abi, ajouta Létho. Elle a affirmé qu'elle ne se laisserait pas ainsi chasser du domaine sans se venger de Nahouri. Entraîné par sa femme, Khoufou a prié ses frères de le laisser lui-même régler le problème. Il a dit très exactement que ce serait pour lui un plaisir et qu'il se vengerait des outrages de l'Égyptienne. Didou a immédiatement réagi en criant qu'il s'en chargerait.

Héléna monta prévenir Alexandros qui se faisait masser par un serviteur aux doigts habiles.

- Viens vite ! lui dit-elle en prenant une tunique courte. Nous devons aller chez mon oncle !

- Mais que se passe-t-il ? Pourquoi courir ainsi ?

- Il va arriver un grand malheur ! Mon oncle n'a pas mesuré les conséquences d'un discours qu'il a prononcé devant la famille réunie. Moi seule peux le raisonner. Il m'écoute et m'apprécie…

- Que signifie tout cela ?

Héléna lui rapporta les propos de sa mère.

– Ne dramatises-tu pas la situation ?

– Je ne crois pas, répondit Héléna en le suppliant de se dépêcher. J'ai un affreux pressentiment. J'ai l'impression que Nahouri a tout fait pour en arriver là, mais je ne sais si elle se rend compte du danger qu'elle court.

Alexandros s'habilla sans hâte.

– Je veux bien t'accompagner, lui dit-il, mais promets-moi de te calmer.

12

Les oiseaux piaillaient dans le jardin de Koblos. Aucun bruit ne venait de la maison.

- Où sont les enfants ? s'étonna Héléna. A cette heure-ci, ils jouent près de la pièce d'eau avec leurs mères.

- Il fait sans doute trop chaud.

Héléna et Alexandros pénétrèrent dans la pièce principale.

- Il n'y a personne, constata Héléna.

- Qui cherches-tu ? demanda Nekhti de sa chambre.

- Ah ! tu es là, dit Héléna comme si la présence de son grand-oncle la rassurait. La maison n'a jamais été aussi calme.

Nekhti pouffa.

- Après le remue-ménage de tout à l'heure, je pense qu'ils ont tous été bouder dans leur coin !

- Mais Tamit devrait être à la cuisine...

– Elle s'y trouve sans doute, à moins qu'elle n'ait été au bord du Nil acheter des épices. Quant aux hommes, ils sont au travail.

– Je les croyais déjà tous partis définitivement.

– A cause des propos de mon fils ? demanda Nekhti en souriant. Il aura oublié demain ce qu'il a dit aujourd'hui.

– Lui peut-être, mais pas ses enfants, répondit Héléna chagrinée.

– Voilà Tyi, dit le vieil homme. Tu vois bien que tu t'inquiètes à tort.

La jeune femme était pâle. Elle entra dans la maison sans même apercevoir Alexandros.

– Tyi ! lui dit Héléna. Ne vois-tu pas qu'Alexandros est de retour ?

Elle s'excusa et salua le fils du pharaon d'un air absent.

– Ah ! oui, Alexandros...

– Nous cherchons Sétoui et Khoufou.

– J'ignore où ils sont, dit-elle. Ils ne sont pas partis ensemble tout à l'heure. Khoufou était furieux.

– Tu parais soucieuse, toi aussi, lui dit Héléna.

– Moi, soucieuse ? lui répondit Tyi en se tordant les doigts. Mais non ! Que vas-tu chercher là ? Pourquoi serais-je soucieuse ?

– Allons, les propos de Koblos vous ont tous irrités ou attristés, dit Alexandros. Mais ce n'étaient là que les paroles d'un homme en colère. Attendez qu'il se calme et discutez avec lui. Expliquez-lui pourquoi vous agissez ainsi contre Nahouri. Le dialogue est préférable à la haine et aux injures.

Héléna prit Alexandros par le bras.

– Je serai la première à parler à Koblos. Je n'ai aucun intérêt à prendre la défense des uns ou des autres. Aussi m'écoutera-t-il avec attention.

– C'est une bonne idée, dit Nekhti. Mon fils a besoin d'être éclairé. Si je tente de lui parler, il ne m'écoutera pas. En revanche, si c'est toi qui vas le trouver, il ne restera pas insensible à tes arguments. Ramsès pourrait aussi intervenir…

Héléna et Alexandros entrèrent dans la chambre de Koblos, qui était seul.

– Nahouri ne se trouve pas à tes côtés ? lui demanda Héléna, prudente.

Son oncle réfléchissait dans un fauteuil en osier, les yeux mi-clos.

– Non. Elle est partie se promener au soleil. Elle m'a dit qu'elle était si heureuse aujourd'hui qu'elle voulait sentir les rayons de Rê effleurer sa peau. Elle a dû se rendre sur les bords du Nil. Elle y va souvent.

– Apparemment, tu n'es pas dans le même état d'âme, dit Héléna en le regardant avec tendresse.

– Ton époux est revenu ? Bienvenu, Alexandros ! Asseyez-vous là ! Votre visite me fait plaisir. Non, je ne suis guère satisfait de l'attitude de mes enfants. J'aurais tant voulu que Nahouri fût acceptée.

- Mais elle vient juste d'arriver, dit Héléna. Laisse-leur un peu de temps. Nahouri est ambitieuse et fière. Elle ne leur facilite guère la tâche.

- Toi aussi, tu la désapprouves ?

- Non, je ne désapprouve personne, répliqua Héléna avec habileté, mais il est difficile d'imposer une jeune femme dans une maison. Et ton discours a blessé tout le monde…

Koblos se leva et arpenta la pièce de long en large.

- Ne suis-je pas leur père ? N'ai-je pas le droit d'accueillir ma nouvelle compagne dans ma maison ?

Héléna l'approuva.

- Certes. Mais, je t'en prie par tous les dieux, parle-leur avec plus de douceur ! Explique à Nahouri qu'elle ne doit pas se comporter comme si elle était en terrain conquis.

Un bruit l'interrompit. Tamit se trouvait sur le pas de la porte.

- Le déjeuner est bientôt prêt, dit-elle en s'excusant de les déranger.

Héléna regarda Alexandros d'un air ennuyé.

- Très bien, dit Koblos. Nahouri ne devrait pas tarder.

- Sétoui vient d'arriver avec Ramsès.

- Nous reparlerons de tout cela, dit Koblos à Héléna en suivant Tamit.

Dès qu'il se fut éloigné, Héléna confia ses craintes à son époux.

- Tamit a dû tout entendre. Nahouri sera bientôt informée de notre petite conversation. Elle fera en sorte que Koblos ne parle pas à ses enfants.

- La crois-tu si perverse ?

- Oui, répondit Héléna.

Toute la famille se trouva bientôt réunie pour déjeuner. Héléna allait prendre congé quand son oncle l'invita à s'asseoir devant une petite table où avaient été soigneusement disposés de la viande, des légumes, des fruits et des pains chauds qui embaumaient.

- Je ne puis accepter ton invitation, lui dit Héléna. Mon père nous attend.

- Je vais lui envoyer Tamit pour le prévenir que tu restes ici avec Alexandros.

- Soit, dit Héléna en s'asseyant.

Abi restait silencieuse, le visage fermé. Ses yeux brillaient de mécontentement. Contrairement à son habitude, Tyi ne disait rien. Elle sursautait au moindre bruit. Khoufou retenait sa rage avec peine. Ramsès et Sétoui s'entretenaient du travail des ouvriers de la tombe.

Des servantes apportèrent de la bière. D'autres préparaient l'*ouadjit*, la pâte, qu'elles versaient au fur et à mesure dans des moules de formes diverses. La croûte une fois cuite, ces femmes mettaient le pain en morceaux et le mêlaient à un jus sucré à base de dattes, puis elles tournaient vivement le mélange dans de larges récipients, le filtraient et le faisaient couler délicatement dans des cruches avant de le servir dans des gobelets en faïence.

– Cette bière est presque aussi âpre que celle des Nubiens ! s'exclama Khoufou avec animosité. Tamit, donne-moi plutôt du *chedeh* et du vin doux !

– Mais tu l'aimes ainsi, d'habitude ! répliqua Tamit.

– Je l'aime plus sucrée. J'ai toujours aimé la bière très douce, répliqua Khoufou, le rouge aux joues. J'ai faim ! Qu'attend-on pour manger ? Nous sommes tous servis ! Je travaille depuis l'aube, moi ! Je ne peux rester le ventre vide ! Et puis ce pain cuit au four est brûlé. Je veux du pain préparé dans des moules !

– Nahouri n'est pas arrivée, répondit fermement Koblos. En attendant, Tamit peut s'organiser pour faire cuire des pains à l'ancienne.

Khoufou affronta son regard sans baisser les yeux.

– Eh bien ! moi, je mange, dit Apouy en entamant son pain à pleines dents.

– Moi aussi ! affirma Didou. Je ne vais pas attendre le bon vouloir d'une concubine !

On entendit bientôt deux robustes Nubiens se mettre à casser en cadence des céréales à l'aide d'énormes pilons. Quand ils n'en avaient pas suffisamment, ils allaient chercher de l'*iot*, du *soutou* et du *bôti*[1] dans un cabanon.

Des servantes trièrent les grains, destinés à être moulus, du son qui fut jeté aux bêtes, puis de solides Égyptiens continuèrent à les écraser et à les tamiser jusqu'à ce que la farine glissât entre leurs doigts comme du sable fin.

Alors que tout ce monde-là chantait habituellement en s'activant, l'atmosphère était si pesante que chacun préférait garder sagement le silence. Deux femmes activèrent le feu et disposèrent les moules au-dessus pendant que deux hommes pétrissaient la pâte et y ajoutaient du levain. Quand les moules furent chauds, ils les placèrent dans des trous prévus à cet effet sur une large planche. La pâte fut versée à l'intérieur et l'on attendit qu'elle cuisît comme Khoufou le souhaitait.

Alors que Koblos commençait à s'impatienter, la voix de Sétoui fit soudain sursauter toute la famille.

– Ne peux-tu patienter comme père l'a demandé ? dit-il sèchement à sa femme.

Ce ton était si inhabituel chez lui qu'Héléna regarda Alexandros avec stupeur. Chacun était persuadé que Tyi allait répliquer si fort qu'on entendrait sa voix vibrer jusque dans les jardins de Zénodote. Mais elle ne répondit rien. Elle se

1. De l'orge, du froment et de l'amidon.

contenta de hocher la tête, apeurée, et d'approuver son mari.

– Secoue-toi un peu ! lui dit Abi qui n'avait pas, elle non plus, coutume de lui donner des ordres ou de se mêler à leur conversation. Que Nahouri revienne vite ! Très vite ! Car nous allons tous nous expliquer !

– Décidément, si Abi elle-même ne se contente plus de s'occuper de ses enfants, alors que c'est la seule chose qui l'intéressait, je crois qu'une bonne querelle se prépare, murmura Alexandros à Héléna en grignotant quelques fruits secs. Nous aurions mieux fait de nous éclipser et de déjeuner avec tes parents.

Koblos finit par appeler Tamit.

– Va chercher Nahouri ! ordonna-t-il. Elle est partie au bord du Nil, près du temple, et dis-lui bien que nous l'attendons tous !

Tamit remercia Koblos de lui confier une telle mission. Elle promit de revenir le plus vite possible avec Nahouri.

– Tu as l'air sombre, dit Héléna à son oncle.

– Oui. Il est vrai que je n'ai pas fait depuis bien longtemps un songe où l'on m'offrait du pain, ce qui est, selon les Égyptiens, un bon présage. Les cauchemars se suivent. J'ai rêvé hier que je buvais de la bière chaude, signe que nous ne ferons pas de bonnes affaires. J'ai surtout rêvé que l'on me piquait avec des plantes pleines d'épines. Nahouri prétend que ce rêve signifie que je suis entouré de gens qui me mentent et qui complotent contre moi. Ce que je ne lui ai pas dit, c'est que je rêvais aussi qu'on m'arrachait les dents car je sais que c'est signe de deuil.

– Mange de l'âne et ton pouvoir sera protégé ! ironisa Nekhti en faisant un jeu de mots[1].

– Nahouri affirme que pour faire fuir les catastrophes, il faut s'enduire le visage avec un mélange de pain et d'herbes imbibées d'encens.

Nekhti se moqua de son fils.

– Honore plutôt Isis qui saura te protéger !

Sans se soucier des remarques de son père, Koblos évoqua avec mélancolie le passé encore proche où toutes ses nuits évoquaient le bonheur et la réussite quand il s'imaginait recouvert d'une peau de lion ou grimpant en haut d'un mât avec un personnage plus grand que lui, symbole de sa puissance, quand un dieu lui donnait la nourriture d'un sanctuaire pour le préserver de la mort ou qu'il le jetait dans le Nil pour l'absoudre de ses péchés.

Aujourd'hui, il lui arrivait de faire des rêves érotiques, de se voir en train de caresser amoureusement Nahouri, de casser des pierres ou de jouer de la harpe, ce qui ne pouvait engendrer que faillite et malheur, sans que la divinité ne fût prête à lui apporter une aide quelconque.

---

1. Le même mot signifie, en égyptien, « puissant » et « âne ».

– Utilise une roue pour éloigner le mauvais sort, comme on le fait en Grèce, dit Héléna à son oncle.

Tamit tardait à revenir.

Quand elle se présenta, enfin, devant Koblos, essoufflée, elle s'excusa des dizaines de fois avant de lui annoncer que ses recherches avaient été vaines.

– Mangeons ! déclara seulement Koblos avec colère.

Mais plus le temps passait, plus l'inquiétude s'emparait des esprits. Koblos passa l'après-midi à attendre Nahouri, guettant la moindre agitation dans le jardin.

Quand la nuit tomba, l'Égyptienne n'était toujours pas rentrée. Koblos ne fut pas le seul à demeurer éveillé.

Au bout de plusieurs jours, Nahouri n'avait pas reparu.

– Sans doute est-elle retournée à Memphis, dit Ramsès à Koblos. Envoyons un message dans le nord.

– Non, rétorqua Koblos. Elle m'aurait prévenu. Mobilisons tout le personnel et partons à sa recherche. Je redoute le pire.

13

Pendant les jours qui suivirent, Nahouri ne donna pas signe de vie.

Abi semblait très satisfaite. « Pourvu qu'elle reste chez son père ou dans le royaume d'Osiris ! Si elle a préféré rejoindre les morts, disait-elle, je m'en moque ! L'essentiel est qu'elle ne reparaisse plus ! »

Bien qu'elle eût pu partager l'opinion d'Abi, Tyi se montrait toujours aussi discrète. Sétoui finit par s'inquiéter. Comme Héléna était la personne en laquelle il avait le plus confiance, il vint la trouver un jour où Alexandros avait accompagné Zénodote aux champs.

Des serviteurs dégageaient les pieds de vigne qui avaient été plantés de chaque côté des allées. Des sarments, attachés à des poteaux en bois, formaient des arcs de cercle au-dessus des chemins. De lourdes grappes de raisin mûrissaient au soleil.

Héléna était en train de plier des vêtements dans un coffre. Elle ne s'attendait pas à la visite de son cousin. Son visage s'illumina dès qu'elle le vit.

- Avez-vous des nouvelles de Nahouri ? demanda-t-elle aussitôt.

- Non.

- Tu parais inquiet…

- De la disparition de Nahouri ? Nullement. Mais je m'interroge au sujet de Tyi. Je crains qu'elle ne me cache quelque chose. Je ne la trouve pas dans son état normal.

- C'est le moins que l'on puisse dire, reconnut Héléna. Est-elle souffrantc ?

- Pas que je sache, mais j'ai pensé que tu étais peut-être au courant d'un fait qu'elle cherche à me cacher. Elle passe des nuits agitées. Elle parle dans son sommeil. Elle sursaute dès que l'on discute un peu trop fort.

- Rien qui ne lui ressemble…

- Non.

- On dirait qu'elle a peur.

Sétoui ouvrit des yeux stupéfaits.

- Ta réflexion m'étonne. Tu sais bien que Tyi n'a jamais peur de rien.

- Je trouve qu'elle a changé depuis que Nahouri est partie. Elle devrait être contente.

- En réalité, je m'inquiétais déjà avant le départ de Nahouri.

- Peut-être s'est-elle confiée à Nekhti…

- J'en doute.

- A Tamit ?

- Je l'ai déjà interrogée. Elle m'a curieusement répondu que le départ de Nahouri avait changé bien des choses et qu'il était bon que tout en reste là, que Nahouri ne lui avait fait aucune confidence sur son départ et qu'elle ne cherchait pas à en savoir davantage. Je lui parlais de Tyi et elle me répondait en évoquant Nahouri !

- Que t'a-t-elle dit d'autre ?

- Qu'il était préférable que Nahouri eût disparu, qu'elle la trouvait trop jeune pour ton père et qu'elle n'aimait pas les hypocrites.

- Ça alors ! répliqua Héléna en jetant les derniers vêtements qu'elle venait de plier dans le coffre. C'est elle qui parle d'hypocrisie alors qu'elle s'est liée d'amitié avec Nahouri et qu'elle acceptait tous ses cadeaux !

- Elle prétend qu'elle était obligée de le faire pour obéir à mon père.

Héléna hocha la tête.

- Veux-tu que je parle à Tyi ? lui demanda-t-elle.

Sétoui la regarda avec tendresse.

- Tu es toujours prête à m'aider…

- Bien entendu. Toutefois, j'ai remarqué que tu avais enfin le dernier mot dans ta famille. Tu devrais être content.

- Il est vrai qu'il est bon de se sentir le maître à la maison, dit Sétoui en souriant. Mais je préférerais m'imposer moins et voir Tyi dans son état normal.

Héléna accompagna Sétoui jusqu'aux champs. Les paysans arrachaient le lin en fleur et en constituaient des bottes qu'ils liaient sur place.

– Le lin est plus résistant s'il est coupé tôt. Il ne faut pas attendre qu'il soit mûr, expliquait Zénodote à Alexandros. Nous laissons toutefois mûrir une petite partie de la récolte pour ensemencer les graines.

Héléna et Sétoui croisèrent des Égyptiens qui portaient des bottes sur les épaules. Des femmes les transportaient sur leur tête en les tenant à bout de bras.

– Nous n'avons pas eu de grêle cette année, poursuivait Zénodote. Sinon, il nous arrive de perdre toute la récolte ! Quant aux arbres fruitiers, il faut les protéger des loriots et des rolliers.

Des chasseurs, chaussés de sandales et vêtus d'une étoffe blanche, plaçaient des filets dans les arbres afin de capturer les oiseaux nuisibles.

– Retournons vers l'étable, dit Zénodote en voyant sa fille. Ton épouse te cherche.

L'étable à bœufs se trouvait non loin de la maison de Zénodote. Les serviteurs qui s'occupaient des bêtes y dormaient afin de surveiller le troupeau convoité par les pillards.

– Ils sont ainsi prêts à partir dès le lever du jour, expliqua Zénodote.

Comme Alexandros s'étonnait du choix qu'ils faisaient de dormir dans la boue, Zénodote le rassura.

- S'ils veulent coucher au domaine, ils n'ont qu'un mot à dire. Mais ce sont des gens simples et attachants. Ils préfèrent surveiller leurs bêtes et dormir ici.

Alexandros suivit des yeux un berger qui rentrait, le dos courbé, en chassant les mouches avec un bâton souple. Il ne cessait d'appeler les bêtes par leur nom.

Un peu plus loin, des vaches avaient été rassemblées pour être marquées au fer. Elles étaient prises au lasso et renversées sur le côté avant d'être brûlées sur l'épaule droite. Ramsès comptait les bêtes et inscrivait scrupuleusement, sur un rouleau de papyrus, le nom de celles qui avaient désormais un signe de reconnaissance.

Quand il vit Sétoui, Ramsès lui fit signe de loin.

- Tyi devait m'apporter un nouveau réchaud pour faire chauffer le fer, lui dit-il. Que fait-elle ? Elle est d'ordinaire plus prompte.

- Ne compte pas sur elle aujourd'hui, lui répondit Sétoui. Elle a dû oublier car elle ne m'en a pas parlé. Elle a tellement changé ces jours-ci que je ne la reconnais plus.

- Tout le monde se révèle un jour différent de l'apparence qu'il donne, répondit mystérieusement le scribe.

Des chèvres broutaient tranquillement, indifférentes aux meuglements des vaches.

Zénodote montrait maintenant à Alexandros le local à volailles plein de jarres où se trouvait une balance pour peser les grains. Des oies et des canes accoururent dès que Sétoui leur lança la ration du soir.

- Que veux-tu dire ? demanda Héléna au scribe. Prétends-tu que nous avons tous au fond de nous un caractère différent de celui que nous montrons ?

Ramsès eut un sourire entendu.

- N'est-ce pas ton cas également, Héléna ? lui demanda-t-il.

La jeune femme hésita.

- Peut-être, répondit-elle après avoir réfléchi. Tu as sans doute raison. Toi qui es si fin et rusé, que penses-tu du départ de Nahouri ?

- Et toi ?

- Elle se trouve sans doute à Memphis…

- Le crois-tu vraiment ?

- Je l'espère. Mais qu'entends-tu par là ?

- Si Nahouri avait disparu… Si elle était morte…

Héléna sursauta.

- Avoue que tu y as songé, dit Ramsès en tentant de deviner ce qu'elle avait dans l'esprit.

- Tout le monde y pense sans oser le dire, répondit Héléna. Crois-tu que Khoufou…

- Pourquoi Khoufou ?

- Il peut se montrer si violent ! Il avait juré de la tuer.

- Khoufou parle beaucoup, ce qui ne signifie pas qu'il serait capable d'agir.

- Tu le crois donc innocent ?

- Je ne crois rien. Pour accuser, il faut des preuves, et je n'en ai aucune. Nous n'avons même pas de victime !

- Mais tu as une idée...

- Oui.

- Nahouri ne reparaîtra peut-être jamais...

- Peut-être...

- Me parlerais-tu alors ? insista Héléna.

- Non, sauf si j'ai la preuve qu'on l'a tuée ou enlevée.

- Et si nous n'apprenions jamais rien ?

- C'est possible.

A cet instant, Alexandros interrompit Zénodote d'un geste.

- Que se passe-t-il ? demanda, inquiet, le père d'Héléna.

- Ces hommes, là-bas !

- Ceux qui sont à cheval ?

- Oui ! Qui sont-ils ?

- Je l'ignore !

Zénodote appela Ramsès.

- Alexandros voudrait connaître le nom de ces cavaliers qui se trouvent là-bas ! cria-t-il en tendant le bras dans leur direction.

Héléna se retourna vers eux et poussa un cri.

– Tu les as reconnus comme moi, n'est-ce pas ? lui demanda Alexandros en accourant.

– Oui. Ils sont partis dès qu'ils se sont vus repérés. Il s'agissait des deux hommes qui t'ont agressé à Memphis !

– Souviens-toi, Héléna, lui demanda Alexandros. Les as-tu vus à la cour de mon père le jour où celui-ci nous a accueillis au palais ?

– Il y avait tant de monde ! Non, je ne crois pas.

– Fais attention à toi. Je ne suis pas tranquille.

– Qu'y a-t-il ? demanda Zénodote en les rejoignant avec Sétoui. Qui étaient ces étrangers ?

– Des hommes auxquels il déplaisait qu'Alexandros fût un jour pharaon, répondit Héléna, la tête haute.

– Pharaon ? s'exclama Zénodote.

– Une idée de ta fille, répondit le Macédonien. Ce qui n'a pas l'air de plaire à tout le monde !

14

Le lendemain, Zénodote demanda à Sétoui d'accompagner Alexandros du côté des marais. Le Macédonien avait, en effet, manifesté le désir de tout connaître de la campagne ou du désert égyptien et de l'activité des paysans ou des bédouins. A l'instar de sa fille, Zénodote l'encourageait vivement à devenir pharaon.

– Je prendrai ma décision quand j'aurai tout vu de l'Égypte, persistait à répondre Alexandros.

Héléna décida d'aller rendre visite à Tyi comme elle l'avait promis à son cousin. Elle arriva au moment où Abi se rendait à la cuisine pour contrôler si le repas était prêt. Celle-ci avait en effet décidé de choisir elle-même les plats d'un festin qu'elle comptait donner pour bénir les dieux d'avoir ramené le calme dans la maison.

Le cuisinier, en sueur, activait le feu avec un éventoir.

- Ajoute du *djâbet*[1] ! criait-il à son aide. Il y en a des sacs près de la maison de Ramsès !

- Mais le scribe ne les a pas comptés ! répondit l'homme chargé du bon fonctionnement du four. Tu sais bien que Ramsès est très scrupuleux sur ce point. Le charbon de bois est si cher !

Le cuisinier marmonna entre ses dents. Comment pouvait-il préparer un festin dans ces conditions ?

Dès qu'il vit approcher Abi, le personnel s'activa. Un brouhaha de marmites, de brocs et de bassines se fit entendre. De nombreux paniers remplis de marchandises étaient déposés sur les tables. Des femmes hachaient la viande ; d'autres coupaient les légumes ; d'autres encore attrapaient les volailles suspendues au-dessus de leur tête et les plumaient avant de les vider avec habileté. Une fois embrochés, les canards étaient grillés.

- Inutile d'en saler des crus ! dit Abi avec une assurance qui étonna Héléna. Nahouri n'est plus là et c'était la seule à manger les poissons cuits au soleil ou les oiseaux en saumure.

- Les muges[2] et les mormyres[3] sont déjà ouverts, répliqua le cuisinier en désignant un

---

1. Charbon de bois.
2. Mulets.
3. Petits poissons.

homme, assis en tailleur devant une table basse, qui fendait les poissons d'un coup de couteau. J'ai même gardé les œufs des muges pour préparer la boutargue[1].

- Eh bien ! garde les œufs, mais donne les poissons au temple ! Ces poissons ouverts dégagent une véritable puanteur ! dit Abi.

Héléna passa son chemin non sans constater que la jeune femme prenait d'office des décisions qui ne plairaient peut-être pas à son oncle. « Encore des querelles en perspective », se dit-elle en hochant la tête. Elle s'étonna aussi que Tyi, qui se voulait la maîtresse de maison, n'eût pas pris elle-même l'initiative de ce festin.

Elle poussa la porte de sa chambre parfumée d'encens et appela la jeune femme. Mais la pièce était vide. Héléna admira les bijoux simples, mais de couleurs harmonieuses, que la fille d'Abi avait fabriqués pour Tyi. Ils étaient étalés sur une petite table où Tyi rangeait son maquillage. Le mobilier de la chambre était sommaire : un lit, des coffres et un tabouret. Des jouets d'enfants en os ou en bois jonchaient le sol. Héléna prit un objet en forme de chien et lui ouvrit la gueule.

- Elle n'est pas là, dit-elle au bout de quelques instants. Je reviendrai.

En sortant, elle faillit renverser Abi.

1. Caviar d'œufs pressés, séchés, salés et épicés.

– Je te croyais en bas, dit-elle.

– Je suis venue chercher Tyi. Elle m'a promis de m'aider. Elle doit encore se prélasser au lit.

– Non. Il n'y a personne ici.

– Ça alors ! s'exclama Abi. Aurait-elle oublié de me rejoindre ?

– En étiez-vous convenues ?

Abi regarda Héléna avec agacement. Pourquoi lui donnerait-elle des explications sur ce qui ne concernait qu'elle et Tyi ? De quoi se mêlait cette femme autour de laquelle tournait Sétoui ?

Comprenant l'objet de sa contrariété, Héléna devança sa réponse.

– Tu n'es pas obligée de me répondre, dit-elle. Mais je cherche Tyi, moi aussi. Je souhaiterais lui parler.

Abi haussa les épaules et retourna à la cuisine avec un air suffisant et supérieur.

– Nous avions assez d'une Tyi ! dit Nekhti en venant saluer Héléna. Abi est devenue comme elle. Je me demande bien ce qu'elles complotent toutes les deux !

– Des affaires de femmes.

– Sans doute ! dit Nekhti en riant. Quelles piailleuses ! Heureusement que Tyi s'est calmée ces temps-ci !

Héléna décida de rejoindre Alexandros et prit la direction des marais qui naissaient chaque année de l'inondation du Nil. Elle longea les cultures qui bordaient les étendues d'eau où flottaient d'abondants nénuphars. Les roseaux et les papyrus lui dissimulaient une bonne partie du paysage.

Sur son passage, des oiseaux réfugiés dans les ombelles s'envolaient dans un bruyant battement d'ailes. Elle s'avança plus près de l'eau et effraya des silures et d'énormes chromis qui filèrent entre les tiges des roseaux.

Un hippopotame surgissant sans qu'elle s'y attendît, un crocodile dans la gueule, la fit reculer d'un bond. Elle était pourtant habituée à la faune qui habitait les *mehit*, ces marais à papyrus, plus nombreux dans le nord de l'Égypte qu'aux alentours de Tasnit, et qui permettaient aux Égyptiens de se nourrir.

Elle interrogea un pêcheur qui tenait un harpon et lui demanda s'il avait vu passer deux hommes. Celui-ci lui fit signe qu'il était trop occupé pour prêter attention au passage.

Un peu plus loin, des Égyptiens constituaient des bottes de tiges de papyrus qu'ils plaçaient sur leur dos. Certaines tiges étaient mises de côté pour la construction des maisons. Quelques Égyptiens persistaient, en effet, à bâtir leurs habitations avec du papyrus et du limon et à fabriquer une partie de leur mobilier à l'aide de cordes tressées avec du papyrus.

La plupart construisaient sur place leurs propres bateaux.

Héléna sursauta. Le pêcheur venait de tuer un latès d'un coup de bâton. Il monta dans sa barque, ravi, en bénissant la déesse Sekhet et plaça ses nasses dans les marais. Puis, il prépara son boomerang à tête de lion, fit sortir une oie d'un panier et l'utilisa comme appât.

Au ras de l'eau flottaient des filets à oiseaux attachés à quatre piquets que des chasseurs avaient fixés de chaque côté du marais.

Héléna distingua enfin la silhouette d'Alexandros qui parlait à bâtons rompus avec Sétoui. Elle hâta le pas.

– Je ne pensais pas que tu viendrais, lui dit Alexandros en se retournant vers elle. Je croyais que tu n'appréciais guère la chasse aux oiseaux.

– Je n'ai vu, heureusement, aucun chasseur rabattre ses pièges sur ces malheureuses bêtes, répondit Héléna. Lorsqu'elles se débattent dans les mailles du filet et que les chasseurs se précipitent avec leurs cages pour les saisir, mon cœur se soulève.

A ce moment, Sétoui poussa un cri et courut dans les roseaux. Il s'avança en se frayant un chemin à travers les tiges et eut bientôt de l'eau jusqu'à la taille.

– Où est-il ? demanda Héléna. Je ne le vois plus ! Il risque d'être attaqué par un crocodile !

Alexandros l'appela.

– Mais que fait-il ?

Il aperçut soudain Sétoui qui tentait de secourir Tyi en lui tenant la tête hors de l'eau.

– Tyi ! s'exclama Héléna. Vite ! Aidons-les !

Tous trois tirèrent Tyi sur le sol. Sétoui se précipita vers elle pour lui soulever légèrement la tête. Il se mit à gémir et à implorer les dieux de l'aider.

– Elle est inerte ! dit Héléna avec stupeur.

Sétoui prit son épouse contre lui en pleurant.

– Elle a rejoint le domaine d'Osiris…, dit-il en berçant Tyi contre sa poitrine.

– Mais que faisait-elle ici ? A-t-elle eu le temps de te parler ?

Sétoui fit signe que non.

– Elle a seulement crié « Nahouri ! » quand je l'ai vue, comme si elle avait aperçu le dieu Sérapis en personne, puis elle s'est débattue une dernière fois et a cessé de bouger. Quand je l'ai attrapée, elle était déjà raide comme une planche de bois. Elle aurait coulé à pic si je ne l'avais sortie de ce maudit marais !

– « Nahouri » ? Mais que voulait-elle dire par là ? demanda Héléna.

– Je ne sais pas. Depuis que Nahouri a disparu, elle s'est montrée tellement bizarre ! On avait l'impression qu'elle était responsable de cette disparition et qu'elle redoutait le châtiment des dieux.

– Quel est ton avis ? demanda, à son tour, Alexandros.

– Tyi était capable de tout, répondit Sétoui.

– Crois-tu qu'elle se serait tuée par crainte d'une punition divine ? Penses-tu qu'elle a pu commettre un acte répréhensible contre Nahouri ?

– En fait, je redoutais ce qui arrive aujourd'hui, répondit Sétoui avec une profonde tristesse. J'aurais dû l'aider, l'obliger à me confier son secret s'il était trop lourd à porter, lui servir de confident, au lieu de quoi je l'ai laissée seule. Je lui ai même parlé un peu durement.

Héléna ressentit beaucoup de peine pour son cousin. Ils ramenèrent le corps de Tyi au domaine de Koblos et le déposèrent sur son lit. Héléna ressentit un pincement au cœur en voyant les jouets qui entouraient la couche. Tyi n'était peut-être pas l'épouse idéale ; elle était autoritaire et agressive ! Mais c'était une mère qui manquerait à son enfant.

En apprenant l'accident, Abi accourut, épouvantée, criant que Nahouri était responsable de la mort de Tyi. Khoufou dut la calmer. Koblos et Nekhti ne parurent pas autrement affligés par la mort de la jeune femme, mais ils décidèrent aussitôt de confier à Ramsès le soin de préparer des funérailles dignes d'un membre de la famille.

15

Tyi était partie pour l'autre rive. Toute la famille prit le deuil pendant soixante-dix jours, malgré les remarques pertinentes de Ramsès.

- Ce n'est guère le moment d'arrêter nos activités, confia le scribe à Koblos au bout de vingt jours de deuil. Nous devons rattraper les mauvaises ventes de Sétoui.

- J'en suis conscient, répondit le maître de maison, d'autant que Sétoui se révèle de plus en plus efficace. Ce silence m'oppresse encore davantage lorsque je vois le travail s'accumuler. Il me faut aussi payer les domestiques.

J'aurais dû confier cet enterrement à un prêtre grec afin d'éviter les soixante-dix jours de deuil et les rites de la momification.

- J'ai fait activer le travail des embaumeurs en leur donnant plus d'argent. Le corps de Tyi sera bientôt enveloppé dans des bandelettes de lin.

Je me suis moi-même procuré de la cire, de l'huile de cèdre, de la gomme, du henné, du natron et de la poix que j'ai achetée à un marchand de Byblos.

– Dès que la feuille d'or sera placée sur la cicatrice faite par l'embaumeur et le masque en stuc déposé sur son visage, nous procéderons à l'enterrement, dit Koblos.

– Il manquait seulement des baies de genévrier et du goudron. J'y ai pourvu. Nous gagnerons quelques jours. Le deuil s'achèvera ainsi au bout de cinquante jours.

– Bien.

Koblos était satisfait.

– N'oublie pas les rituels grecs, ajouta-t-il. Tyi ne saurait être uniquement enterrée selon les coutumes égyptiennes.

– J'y ai pensé.

– Décidément, Ramsès, conclut Koblos, tu m'es extrêmement précieux.

Le scribe le remercia. Il n'appréciait guère les compliments et jugeait naturel de servir le maître le mieux possible.

Toutes les fois qu'elle sortait, Tamit se frappait la tête de ses deux mains et recouvrait son visage de limon en laissant courir la rumeur que la maison de Koblos était désormais lavée de toute souillure parce que la pire ennemie de Nahouri était morte.

Nekhti la sermonna. Il n'était pas bon de laisser courir de tels bruits sur la famille de Koblos.

– Si elle était vraiment coupable d'un acte répréhensible, dit Nekhti à Sétoui la veille de l'enterrement, Tyi devra en répondre dans l'autre monde. Rien n'est oublié le jour du Jugement. Elle pourrait bien être jetée à la chienne Amaït. Les dieux Thot et Anoup ne lui accorderont pas de pardon. Sur son siège doré, Osiris au diadème à double plumes la punira.

– Puissent ses péchés être oubliés et ses fautes effacées, répondit Sétoui. Qu'elle soit purifiée !

Il déposa lui-même entre les jambes de Tyi un papyrus sur lequel Ramsès avait reproduit un extrait du *Livre des morts*.

– La voilà prête pour entrer dans la salle des Deux Vérités. Qu'Isis et Nephtis assistent les quarante-deux dieux du Jugement afin qu'elle soit libérée de tous ses péchés !

– Elle saura parler au dieu Rê, le rassura Nekhti, et prouver qu'elle n'a jamais voulu commettre un délit. Même si elle l'a fait, c'était pour protéger sa famille. Elle fera valoir des circonstances atténuantes.

– Si seulement Tyi avait songé à se faire purifier de son vivant, ajouta Sétoui, soucieux.

Le vieil homme observa son petit-fils entre ses cils. Il se demandait bien comment un homme digne de ce nom pouvait regretter une telle harpie. Il fallait que l'amour eût des jardins secrets.

Afin de limiter les frais liés aux funérailles, Ramsès eut l'excellente idée de suggérer à Koblos d'enterrer Tyi dans la tombe aménagée pour Nahouri. D'abord réticent, Koblos accepta en se promettant de faire construire une nouvelle tombe pour sa concubine.

– Excuse-moi de te parler ainsi, lui dit le scribe, mais Nahouri ne reviendra peut-être jamais. Pourquoi faire davantage de frais pour une concubine infidèle ou déloyale ? Sa tombe était presque prête. Que Tyi en profite !

Les cérémonies durèrent longtemps. Les pleureuses que Koblos avait louées à la journée recouvrirent leur visage de boue et se frappèrent la poitrine. Certaines déchirèrent leur tunique et se mirent à geindre.

En tête du cortège, Sétoui priait les dieux d'accompagner Tyi dans le domaine des ombres. Des serviteurs portaient de la nourriture, des fleurs et des vases, des servantes le mobilier et les bijoux de Tyi qui avaient été déposés sur des plateaux.

Près de la tombe attendaient déjà les parents d'Héléna au milieu d'un cercle de musiciennes chantant aux sons des crotales. Sétoui ne cessait de rappeler à voix basse combien Tyi lui manquerait et combien il était injuste qu'elle eût connu une vie aussi courte.

Un prêtre se joignit au cortège et aspergea le catafalque contenant le sarcophage. Il fut bientôt rejoint par plusieurs membres du temple qui procédèrent à une courte cérémonie visant à rendre à Tyi la mobilité de son corps.

Sétoui joignit ses lamentations à celles des pleureuses.

- Te reverrai-je un jour ? dit-il en suivant des yeux les prêtres qui s'apprêtaient à placer le sarcophage dans la tombe.

Auparavant, on déposa dans celui-ci tous les bijoux de Tyi, des jouets afin qu'elle ne s'ennuyât pas dans le monde d'Osiris, des amulettes, de la vaisselle pour qu'elle pût manger avec sa famille, de nombreux mets, des boissons sucrées et les vases canopes qui contenaient ses précieux organes. Ramsès y avait fait représenter les dieux Amset et Douamoutif pour protéger Tyi. Il avait également fait fabriquer des statuettes en faïence représentant des servantes qui seraient utiles à Tyi dans son autre vie. Elles étaient entourées de petits objets pratiques - sacs, paniers, fourchettes.

Sétoui orna lui-même le corps de sa femme des plus beaux bijoux qu'elle possédait. Il choisit un collier en or et en faïence, un autre à plusieurs rangs de perles dont le fermoir représentait un scarabée ailé où étaient inscrits ces mots : « Protège Tyi devant le tribunal. Que les deux plateaux de la balance s'équilibrent devant Osiris. Que le dieu Khnoum protège son corps. Que son nom soit toujours honorable et digne. Que personne ne parle contre elle devant les dieux. »

Abi ajouta un bracelet à sa cheville, Nekhti une bague à son doigt, Héléna un œil *oudja*[1] sur sa poitrine. Koblos plaça près de sa tête des objets en miniature représentant des faucons et des têtes de serpents, gardiens des portes de l'au-delà.

Sétoui avait prié son père de ne pas regarder à la dépense afin que la vie de Tyi dans l'autre monde ne fût que plaisir et joie.

- Tyi n'a pas eu le temps de voir s'édifier sa maison d'éternité, dit Sétoui. Je crois, cependant, que celle-ci l'aurait satisfaite.

L'entrée de la tombe fut murée afin qu'elle reposât en paix. Près du tombeau, une cour entourée de palmiers fut aménagée. Elle permettait d'accéder à une salle décorée de motifs végétaux aux couleurs gaies.

Koblos ordonna à Ramsès d'embaucher les artistes les plus renommés pour peindre sur les murs de la salle des scènes rappelant la vie de Tyi.

- Sa vie était tellement ordinaire..., dit le scribe. Je la ferai représenter avec son enfant et son cher époux Sétoui.

- Je me passerais de ces décors coûteux, lui répondit discrètement Koblos, mais je les dois à

1. Amulette destinée à éloigner le mauvais sort.

mon pauvre fils. Quand je pense que Nahouri a vu elle-même son sarcophage poli, peint et béni d'eau divine et que Tyi est aujourd'hui couchée à l'intérieur ! En échange, Nahouri aura droit à un double sarcophage, un en argent et un autre en granit. Sous le couvercle sera représentée Nout, la déesse des cieux et des étoiles, et, au-dessus, la merveilleuse image de Nahouri qui voyagera ainsi au milieu des astres, pour l'éternité. Tu y feras peindre des portes pour qu'elle entre et sorte de son sarcophage comme elle le désire, ainsi que des yeux.

Tamit s'occupa des petits Osiris de Tyi, symboles de résurrection. A l'intérieur des morceaux d'étoffe en forme d'Osiris, elle fit couler lentement du sable et de l'orge qu'elle mouilla généreusement d'eau avant de les disposer avec soin dans la cour de la tombe où toute la famille se réunit autour d'une musicienne.

Une table fut dressée. Abi donna ses ordres en maîtresse de maison.

16

Quelques jours plus tard, Koblos jugea nécessaire de reprendre ses affaires en main. Il alla trouver son père qui renvoya aussitôt ses esclaves afin que leur conversation restât confidentielle.

– La mort de Tyi m'a fait réfléchir, lui dit-il. Je ne suis plus tout jeune et un malheur arrive vite. Tu avais raison. Je dois penser à donner davantage de responsabilités à mes fils.

– A tes fils ou à Sétoui ? demanda Nekhti, inquiet.

– Je ne crois pas qu'il serait bon d'écarter l'un d'entre eux de la gestion du domaine. Si je disparaissais, ils se haïraient et se battraient pour avoir le pouvoir au lieu d'unir leurs forces pour préserver cette terre.

Nekhti fit la moue.

– Khoufou a tellement hâte de tout diriger ! Il va prendre des décisions inconsidérées. Pourquoi ne te reposes-tu pas sur ton aîné ? Tu envisageras un peu plus tard de donner à Khoufou les mêmes responsabilités qu'à Sétoui.

Koblos s'assit en face de son père.

– Ce serait injuste. Je veux que mes fils aient les mêmes droits et qu'aucun ne se sente lésé. Didou et Apouy aideront Sétoui jusqu'à ce qu'ils acquièrent plus d'expérience. Khoufou prendra les initiatives que Sétoui redoute de prendre et Sétoui tempérera l'ardeur de son frère.

– Non, dit Nekhti. Ce n'est là que de la théorie. La réalité est que Khoufou imposera ses volontés. Il n'existe aucune complicité entre mes deux petits-fils et Sétoui sera écarté d'office. Écoute-moi et réfléchis encore avant de prendre une décision. Ramsès t'est fidèle. Il s'entend parfaitement avec Sétoui et lui donne de bons conseils. Ce sera un meilleur confident que Khoufou.

Koblos demeura un instant indécis.

– Accorde-toi quelques jours de réflexion, suggéra Nekhti. Tu ne vas pas partir chez Osiris du jour au lendemain ni emprunter la barque de Charon avant moi. Je suis ici le plus âgé et il est normal que je parte le premier. La mort de Tyi n'était qu'un accident. Il n'y a aucune raison pour que le deuil frappe une nouvelle fois notre maison.

– Je l'espère, répondit Koblos.

– Comment cela, tu l'espères ? s'écria Nekhti. Quelle étrange remarque ! Tyi s'est peut-être noyée par accident. Elle s'est peut-être tuée parce qu'elle avait sur la conscience le départ de Nahouri, mais les faits sont là : Nahouri n'était guère appréciée ici. Quant à Tyi, elle était difficile à vivre. La maison a retrouvé son calme.

- A moins que Tyi n'ait appris quelque chose qu'elle ne devait pas savoir. Te souviens-tu comme elle semblait avoir peur ? Je n'ai pas compris pourquoi je la trouvais si différente ces derniers temps. Elle sursautait au moindre bruit. Il lui arrivait de trembler sans raison. Aurait-elle surpris une conversation ?

- Mais de qui ? Tout cela n'a aucun sens sauf s'il s'agissait...

Nekhti regarda son fils avec effroi.

- Eh oui !..., se contenta de répondre Koblos en baissant la voix de peur qu'on ne l'entendît.

- Dans ce cas, si elle en a parlé à quelqu'un, à Sétoui ou à Abi par exemple, leur vie serait également en danger !

Nekhti se mit à supplier les dieux de protéger le domaine de Koblos.

- Je n'ose y croire, dit-il. Nous imaginons le pire. La mort de Tyi fait vagabonder notre imagination. Nous devons tous retrouver notre sang-froid.

*

Héléna était bouleversée par le chagrin de son cousin. Depuis la mort de Tyi, il ne se passait pas une journée sans qu'elle n'allât le voir, mais elle revenait toujours plus attristée.

- Mon oncle est content de Sétoui, dit-elle à Alexandros un soir où elle rentrait plus confiante qu'à l'accoutumée. Il a l'intention de lui laisser plus de liberté dans la gestion du domaine.

Comme elle l'observait, hésitant à poursuivre, Alexandros la devança.

- Je devine ta pensée. Tu te dis que les fils de Koblos ne souhaitent que prendre un jour la succession de leur père et tu te demandes ce que j'attends pour prendre, moi, ma décision de succéder à Ptolémée.

Héléna sourit.

- Tu me connais bien.

- On ne se connaît jamais soi-même, répondit Alexandros avec sagesse. Ce n'est certes pas pour prétendre connaître les autres. Mais je te devine.

Le Macédonien la serra contre lui en regardant par la fenêtre de sa chambre le soleil rougir les monts au-delà du Nil.

- Rê a donné le pouvoir à ton père qui te le transmettra, dit Héléna. Où en es-tu de tes réflexions et de ton observation du peuple égyptien ?

- Je comprends mieux la mentalité de l'Égypte en observant les ouvriers et les paysans au travail, répondit Alexandros.

- Toi aussi, tu deviendras Horus comme ton père, dit Héléna. Tu seras vénéré à Edfou comme Horus-Faucon. Tu seras l'Homme brave, roi de Haute et de Basse Égypte, Grand de Gloire, *nesout* et *baït*, roi du sud et du nord, Ptolémée aimé de Rê. Il ne te reste qu'à choisir ton prénom comme ton père a adopté celui de « Merveilleux *ka* de Rê, aimé d'Amon ».

- Son fils a déjà un prénom pour gouverner, répondit, pensif, Alexandros. A la cour, on l'appelle « Fils des deux Frères, élu de Rê, reflet d'Amon ».

Héléna montra de l'agacement. Elle s'écarta d'Alexandros et se mit à arpenter la pièce.

- Aucune chapelle ne rappelle que je suis né de la Grande Épouse royale Arsinoé, répliqua Alexandros. Aucune représentation ne montre ma mère en déesse en train de me mettre au monde, comme tout digne successeur de pharaon.

- Et tu crains donc que le peuple égyptien ne t'accepte pas...

- Je ne le crains pas. Je le sais.

- On inventera un nouveau conte populaire qui te mettra en scène et dont tu seras le héros.

- Comme pour Alexandre le Grand ?

– Exactement. Abi raconte tous les jours à ses enfants comment le roi Nectanebo est parti en Macédoine où il a séduit Olympias, la mère d'Alexandre, en prenant les traits du dieu Amon. Alexandre n'a pas hésité à être honoré comme un dieu.

– Nous verrons, conclut Alexandros en préférant changer de sujet pour en revenir aux fils de Koblos.

– Mon oncle va leur confier une énorme responsabilité, lui dit Héléna, les yeux brillants. Le scribe représentant le gouvernement du district doit bientôt venir faire le point sur les cultures. Sétoui l'accueillera avec Ramsès. Koblos a promis de ne pas s'en mêler. Mais en connaissant ta présence ici, je doute que le scribe fasse des difficultés.

– J'ai rencontré les toparques qui dirigent chaque arrondissement du nome et les comarques qui assurent le contrôle de chaque village, mais, à part eux, personne ne sait qui je suis.

– Tout le monde le sait, répondit Héléna. La rumeur court vite en Égypte. A ce propos, je voulais aussi t'informer que mon oncle a de l'ambition pour ses fils, même s'il connaît leurs limites. Khoufou lui a demandé de te solliciter pour obtenir un poste de comogrammate.

– Et pourquoi pas de toparque ou de stratège ? Qu'il apprenne d'abord à gérer un domaine ! Il visera ensuite la gestion d'un village puis d'une région ! Seul le dioécète désigne le comogrammate. Il le choisit parmi d'autres personnalités compétentes du village.

– En fait, Koblos ne te parlera pas pour Khoufou, dont la hardiesse l'effraie, mais pour ses autres fils. Si tu acceptes d'intercéder en leur faveur auprès de Ptolémée, il est prêt à défricher à ses frais une terre improductive de cinq aroures[1] et à payer un loyer de trente artabes[2]. Il donnera au village trente artabes d'orge, et quarante de légumes.

– En échange, ses enfants auront une clientèle et un salaire, ce qui n'est pas négligeable. Apouy me paraît trop jeune pour assumer de telles fonctions. S'il se montre incompétent, Ptolémée aura raison de me le reprocher.

– Il pourrait commencer comme topogrammate[3] ou comogrammate, s'occuper des cultures et du cadastre. S'il se révèle compétent, il deviendra comarque[4] ou s'occupera de l'intérêt des fermiers du village.

---

1. Unité de surface équivalant à environ 2800 m^2.
2. Unité de capacité équivalant à 35 chénices (environ 1 litre).
3. Le nome était divisé en toparchies (dirigées par les toparques), elles-mêmes divisées en villages (dirigées par les comarques). Au dessous se trouvaient encore des fonctionnaires, tels le cogrammate et le topogrammate.
4. Fonctionnaire chargé des caisses publiques.

– Mais te rends-tu compte qu'il devra commander à des économes, à des contrôleurs, à des trapézites chargés des caisses de l'État, à des gestionnaires du grenier, alors qu'il apprend tout juste à écrire !

Héléna reconnut qu'elle allait un peu vite en besogne.

– Je peux intervenir, répondit finalement Alexandros, mais intelligemment et sans précipitation.

– Depuis que tu es là, je sens bien que mes cousins ne rêvent plus seulement de succéder à Koblos ou de partager son pouvoir. Khoufou et Apouy espèrent davantage.

– Ils feraient mieux de se plonger dans les manuscrits, répliqua Alexandros en homme plus féru de littérature que de politique.

Après quelques instants de silence, Alexandros promit à Héléna qu'il parlerait à Koblos et que, dans un premier temps, il aiderait Sétoui et Didou.

– Tu m'as longuement entretenu de Sétoui. Je lui fais confiance. Il est honnête et courageux. Quant à Didou, Ramsès m'a appris combien il progressait dans son apprentissage. Il est motivé et passionné. Khoufou me semble encore trop impulsif. Quant à Apouy, il est si ambitieux que son orgueil lui ôte toute mesure. Avec la maturité, peut-être aura-t-il plus de plomb dans la tête.

– J'ai l'impression que tu n'aimes guère solliciter Ptolémée...

– Je ne voulais rien lui demander avant d'avoir pris ma décision. Mais je le ferai pour toi.

Héléna se rapprocha de lui. Ils restèrent longtemps silencieux.

– Il n'y a plus aucun bruit. L'air est si doux. On est si bien. Comme il est étrange que Nahouri soit partie ainsi sans prévenir personne !

– Est-elle réellement partie ? demanda Alexandros.

– Où veux-tu qu'elle soit, si ce n'est à Memphis ?

– Je ne sais pas. Le messager sera bientôt de retour pour nous l'apprendre.

17

Le père de Nahouri répondit lui-même à Koblos qu'il n'avait plus de nouvelle de sa fille depuis qu'elle l'avait suivi dans le sud.

Pour atténuer sa peine, Alexandros décida de lui parler de Sétoui et de Didou.

– Je les aiderai le mieux possible à accéder à d'honorables fonctions, lui dit-il.

Le visage de Koblos s'éclaira aussitôt. Il réunit ses fils et leur fit part de sa décision de confier la gestion de son domaine à Sétoui et Didou.

– Je suis âgé, leur dit-il, et il est temps que vous vous imposiez davantage.

– Et que fais-tu d'Apouy et de moi ? rétorqua Khoufou, furieux.

– Votre heure viendra très bientôt. Quand Sétoui et Didou auront acquis des fonctions plus importantes au sein du village, ce qui ne saurait tarder puisque Alexandros m'a promis d'intercéder pour eux auprès du pharaon, son père, je vous confierai alors le domaine.

Se refusant à tout commentaire, Apouy, vexé, se retira avant même que la réunion ne fût terminée. Khoufou refusa de boire avec Ramsès, Alexandros, Sétoui et Didou comme l'y invitait son père.

– Cet arrangement ne me plaît pas, lui dit-il en les laissant fêter l'événement.

Ramsès s'éclipsa presque aussitôt. Il devait mettre ses comptes à jour avant l'arrivée du scribe, contrôleur des cultures.

– Je te remercie pour ton aide, Alexandros, dit Koblos en lui donnant une accolade. Héléna a choisi un mari cultivé et serviable. Elle a de la chance.

Se tournant alors vers ses fils, Koblos leur dit d'un ton affectueux mais ferme :

– Tamit va vous apporter une jarre de vin. Buvez ensemble modérément. Je vais rejoindre Ramsès, mais je veux vous voir travailler à nos côtés avant l'heure du déjeuner.

Koblos serra Sétoui contre lui.

– Tente d'oublier le malheur qui t'a frappé, lui dit-il. Consacre tes efforts au domaine. Quant à toi, Didou, réfléchis à la chance qui t'est donnée et ne la gâche pas !

Alexandros laissa les deux frères se réjouir.

Didou plongea sa coupe dans la jarre pleine de vin d'Abech que Tamit venait d'apporter.

– Te rends-tu compte, Sétoui, que nous allons enfin pouvoir agir ici comme nous l'entendons et que nous serons bientôt respectés dans tout le village ? Nous n'avons pourtant guère fréquenté l'école du temple ni les cours du grammatiste.

– Parle pour toi ! lui rétorqua Sétoui. Que n'en ai-je noirci des tessons de poterie ou des morceaux de calcaire polis où j'alignais textes grecs ou égyptiens ! J'ai recopié pendant des années sur des papyrus des contes, des recueils de poèmes et des hymnes. Combien de textes j'ai illustrés !

– Moi aussi j'apprends la grammaire, la littérature, le dessin, répondit Didou en buvant une coupe de vin, mais reconnais que nous n'avons pas l'instruction d'un scribe tel que Ramsès. Lui a été policier puis juge. Il a participé à des expéditions. Il a fait construire des bateaux. Il connaît les textes de loi, l'histoire et la géographie.

– Ce n'est pas parce qu'un scribe a fait des études qu'il est courageux à l'ouvrage, répondit Sétoui. Nombreux sont ceux qui gâchent leur talent en fréquentant les tavernes. Ramsès est un exemple pour tous ces fainéants !

Tandis que les deux frères se congratulaient, les heures s'écoulèrent et Koblos commença à s'échauffer. Il achevait avec Ramsès le bilan de l'année.

– Que font-ils ? cria-t-il en laissant tomber son calame[1]. Je regrette déjà les bonnes dispositions que j'avais à leur égard. N'ai-je pas commis la pire des sottises en étant trop bon avec eux ?

Ramsès le calma.

- Tu as fait ce que tu aurais dû faire depuis longtemps, dit-il. Ne regrette rien. Laisse-les se réjouir.

Koblos envoya Tamit chercher ses fils.

- Rappelle-leur que je les attends ! dit-il fermement. Maintenant et non demain !

La nourrice s'exécuta aussitôt.

- J'agirai le mieux possible pour te servir, dit-elle.

Mais elle revint bientôt en criant, alertant toute la maisonnée.

- Vite ! Vite ! Tes fils ont été poignardés ! Didou ne respire plus et Sétoui a perdu beaucoup de sang. Le malheureux a perdu connaissance. Il faut appeler un médecin !

Koblos et Ramsès se précipitèrent dans le jardin où buvaient Sétoui et Didou. Le cœur de Koblos battait vite.

- Sérapis, Isis, tous les dieux grecs et égyptiens, faites que mes fils soient en vie ! supplia-t-il en courant.

Comme elle arrivait au même moment, Héléna se précipita vers Sétoui et lui releva la tête.

- Il vit ! dit-elle. Emmenez-le dans sa chambre. Lavons ses blessures et désinfectons-les en attendant le médecin.

---

1. Roseau pour écrire.

- Didou est mort, constata Koblos, désemparé. Mon jeune fils est mort !

Ramsès arriva, lui aussi, en courant.

- Koblos ! J'ai trouvé cette servante toute tremblante dans un bosquet. Elle dit avoir vu la scène.

Koblos sembla retrouver ses esprits. Il dévisagea la jeune femme affolée.

- Khat ! s'exclama Nekhti qui s'appuyait sur deux esclaves solidement bâtis. Mais que fais-tu là ? Tu devais garder Mielos !

- Comment va Sétoui, mon maître ? demanda-t-elle.

- Il est en vie, rassure-toi, mais tu dois nous dire ce que tu as vu, ajouta Nekhti d'un ton chaleureux tandis que Koblos s'impatientait.

- Oui ! Dis-nous qui est l'assassin de Didou. Que je le tue de mes propres mains !

La servante éclata en sanglots.

- Tu l'effraies, dit Nekhti. Allons, petite, dis-nous ce que tu sais.

Le vieil homme servit lui-même un peu de vin à la jeune femme et lui tendit les deux mains.

- Assieds-toi près de moi et parle. Prends ton temps et cesse de trembler.

La servante s'apaisa.

- Mon maître Sétoui est venu me rejoindre pour prendre des nouvelles de son fils avant d'aller travailler. Je l'ai suivi comme il me le demandait afin d'emmener le petit prendre l'air dans le jardin. Mais celui-ci a perdu sa balle et je me suis attardée pour la ramasser sous un fourré. J'ai alors entendu de loin mon maître Sétoui pousser un cri et j'ai vu quelqu'un armé d'un poignard surgir sur sa droite. Mon maître a été frappé à plusieurs reprises. Je me suis aussitôt cachée avec l'enfant.

– Tu as bien fait, lui dit Nekhti. Mais qui était cette personne qui a frappé Sétoui. Était-ce Didou ?

– Oh ! non, répondit Khat. Lorsque mon maître a crié, j'ai cru voir un corps à terre. C'était sans doute celui de maître Didou.

– Il s'agissait donc d'une autre personne ?

– Oui.

– Était-ce une femme ou un homme ? demanda Koblos en se rapprochant de Khat.

La servante réfléchit.

– Il s'agissait certainement d'une femme. Mais ce pouvait aussi être un homme déguisé en femme. Elle portait des bracelets en or. Je les ai vus briller lorsqu'elle a levé le bras pour frapper Sétoui.

– Et mon fils n'aurait pas eu assez de force pour maîtriser une femme ?

– Elle a surgi si promptement ! Puis, elle s'est enfuie dès qu'elle l'a eu frappé.

Nekhti la remercia et l'autorisa à aller se reposer.

– Tu n'as pas l'air de croire cette enfant, dit-il à son fils.

– Pourquoi mettrais-je en doute ses paroles ?

– Sétoui avait peut-être un peu bu. Il ne supporte guère le vin. Cette femme aura profité de l'effet de surprise...

– Pauvre Didou, dit Koblos en se penchant sur son fils. Qu'on informe les prêtres et les embaumeurs.

– Je m'en occuperai, lui dit Ramsès.

Koblos se rendit dans la chambre de Sétoui, que le médecin venait d'ausculter.

– Ton fils vivra. Il est fortement perturbé par cette agression, mais ses plaies se refermeront.

– Qu'Isis soit louée ! s'exclama Koblos.

– Prends soin de lui. Il est fragile. Ménage-le.

A ce moment arrivèrent Khoufou et Apouy.

– Où étiez-vous donc ? leur demanda leur père. Voyez quel malheur a encore frappé notre maison !

Abi regarda Koblos d'un air contrarié.

– Décidément, depuis que cette Nahouri a mis les pieds ici, rien ne va plus ! Il faut agir avant que nous ne mourrions tous !

– Que dis-tu ? s'exclama Khoufou.

– Je dis que tu es en danger, comme les autres fils de Koblos, que tes enfants sont en danger, que rien ne va dans cette maison ! J'ai peur pour toi, pour eux, pour moi !

– Qu'est-ce encore que ces cris ? demanda Koblos en se précipitant à la fenêtre.

– Il s'agit de Tamit, lui répondit Khoufou. Elle tient un bijou dans sa main.

– Eh bien ! qu'elle monte…

– Ce bijou a été retrouvé près de l'endroit où tes fils ont été frappés ! dit Tamit en entrant, le visage rouge d'émotion.

– Un bijou de femme, remarqua Koblos en le retournant dans sa main…

– Mais ce collier avec un fermoir en forme de scarabée appartenait à Tyi ! s'exclama Tamit au bord de l'évanouissement. Il a été placé dans son tombeau !

Nekhti haussa les épaules.

– Prétendrais-tu, Tamit, que Tyi serait revenue parmi nous pour tuer son époux ? Cela n'a aucun sens !

– J'arrose chaque jour les petits Osiris pour faciliter la résurrection de Tyi. L'orge a déjà germé. Je vais la laisser sécher et je l'envelopperai dans une étoffe. Jamais je n'ai vu de l'orge germer aussi vite.

– Et tu en conclus ?

– Que Tyi a ressuscité.

– Et que c'est elle qui vient persécuter les vivants alors que nous lui avons rendu les plus beaux hommages et qu'elle a reçu de multiples cadeaux ?

– Peut-être n'apprécie-t-elle pas que Sétoui passe son temps avec Héléna.

Nekhti se mit en colère.

– Cesse tes allusions perfides ! s'écria le vieil homme. Héléna est bonne. Elle aime son époux et Sétoui pleure Tyi depuis des mois !

Se rendant compte de sa maladresse, Tamit se jeta aux pieds de Nekhti et de Koblos.

- Pardonnez-moi !

- A force d'écouter tout ce qui se passe ici et qui ne te regarde pas, il va t'arriver malheur, à toi aussi ! dit Nekhti. Tu attises les disputes ; tu les provoques parfois. Mais quelle femme es-tu donc ?

Bien que Tamit se récriât, Nekhti crut déceler une lueur de satisfaction dans ses yeux sournois.

- Je ne veux plus entendre de telles remarques sous ce toit ! ajouta Nekhti, sinon tu pourras faire ton baluchon et partir !

Tamit se mit à sangloter.

- Et toi, tu ne réagis pas ! dit Nekhti à son fils. Comment peux-tu laisser une servante se comporter ainsi ?

- Mais Tamit fait partie de la maison..., répliqua Khoufou. Père nous le rappelle si souvent... La bonne Tamit prend soin de nous depuis notre enfance.

- Tu ne m'as pas répondu, insista Nekhti. Pourquoi ne sermonnes-tu pas Tamit, toi aussi ?

Hagard, Koblos répondit à mi-voix.

- Tyi possédait un tel collier. Son époux le lui avait offert. Mais parce qu'elle en voulait un identique, j'avais acheté le même à Nahouri, dit-il avec effarement.

18

– Crois-tu, Nekhti, que Nahouri ait eu la force d'agresser Sétoui ? Et pourquoi l'aurait-elle fait ? demanda Héléna au vieil homme.

Celui-ci se faisait parfumer le visage par une esclave de la taille de Khat. Elle en avait le charme, la délicatesse et la discrétion. Ses longs cheveux noirs tombaient librement le long de son dos. Elle massait lentement les joues de Nekhti.

Celui-ci la renvoya gentiment.

Alexandros et Héléna étaient venus le visiter à l'aube. Il voulait connaître leur avis sur une question qui l'avait taraudé toute la nuit.

– Mes enfants, Sétoui a repris connaissance, mais il ne se souvient de rien. Il reconnaît qu'il avait trop bu et qu'il n'a pas eu le temps de voir son agresseur. Cette nuit, je n'ai pas réussi à trouver le sommeil. Je me demandais précisément si Khat avait dit la vérité et si Nahouri aurait été de taille à administrer de tels coups de poignard à Sétoui. Comment aurait-elle pu tuer Didou ?

– Qu'elle s'en prenne à Didou ne m'étonne guère, répondit Alexandros. Il ne l'aimait pas. Mais que lui avait fait Sétoui ? Il aurait eu mille raisons de la haïr. Au lieu de quoi, il s'est montré avec elle égal à lui-même, doux et obéissant.

– Pauvre Sétoui ! murmura Héléna. J'irai le voir tout à l'heure.

Nekhti l'observa, un sourire aux lèvres.

– Si je n'ai pas apprécié la remarque de Tamit, il faut bien reconnaître que l'intérêt que tu portes à ton cousin est exceptionnel.

– Je l'aime beaucoup, répondit Héléna.

– Si Tyi n'était pas morte, je jurerais que c'est elle qui a agressé Sétoui, ne serait-ce que pour se venger de l'affection dont il t'entoure.

Nekhti grignota quelques fruits secs que l'esclave avait laissés tout près de lui, sur un guéridon. Il ajouta après un moment de réflexion :

– On raconte que les morts reviennent parmi nous. Tyi aurait-elle commencé sa course sous le soleil ?

Héléna frissonna.

– Je suis grecque, dit-elle. Je ne puis y croire.

– Moi non plus, renchérit Alexandros.

– J'ai bien ma petite idée, murmura Nekhti. Mais je ne parlerai pas sans preuve. Je ne suis pas persuadé que Khat ait tout dit. Elle me paraissait tendue et effrayée.

– N'est-ce pas normal, après ce à quoi elle a assisté ?

– Je l'ai cru tout d'abord, mais je la connais bien. Avant que Tyi ne me la réclamât pour garder son enfant, Khat me servait. J'ai donc eu tout loisir de l'observer car, hélas, mon infirmité ne me permet pas de multiplier les loisirs.

– Si nous l'interrogions de nouveau ? suggéra Alexandros.

– J'allais vous le proposer, répondit Nekhti. Je lui poserai moi-même les questions. Elle a confiance en moi. Elle me craint suffisamment pour ne pas me mentir.

Le vieil homme rappela l'esclave qui acheva sa toilette.

– Maintenant, pars chercher Khat, lui dit-il. Je veux lui parler tout de suite ! Et fais entrer le chien.

Nekhti avait toujours aimé les animaux. Afin de se sentir moins seul, il en avait adopté un qui rôdait près du domaine et lui avait donné le nom de Bahika, qui signifiait « oryx ». Il se mêlait parfois aux lévriers et aux petits *ketkets*[1] qui allaient librement dans toutes les pièces de

1. Chiens de petite taille.

la maison, mais Bahika était plus fort. C'était un chien de garde qui se couchait le plus souvent sur une couverture, non loin de son maître. Dès qu'une personne entrait, ses sens étaient en éveil.

Bahika courut dans la chambre et s'ébroua.

– Avec lui, je me sens protégé ! dit Nekhti en riant. Depuis que je l'ai adopté, Neb est jaloux. Il refuse de s'asseoir sur sa chaise.

Neb était le singe de la maison. S'il lui arrivait de jouer fréquemment avec le chat lorsque ce dernier ne partait pas dans les marais en quête d'un canard sauvage, il ne supportait pas la présence de Bahika, qui s'était imposé dès son arrivée.

– Je ne comprends pas la colère de Neb, ajouta Nekhti, contrarié de ne plus avoir son singe à côté de lui quand il faisait la sieste. Il se mêle facilement à nos *smons*[1] et mange presque autant de dattes qu'elles dès que les fruits sont mûrs. Il rassemble les brebis, agace le chat, mais dès que je caresse Bahika, il se rebelle, me tire les cheveux et se sauve. J'ai beau l'appeler. Il se cache dans un pot et refuse de répondre !

Héléna sourit. Elle flatta Bahika qui tournait autour d'elle en aboyant.

– Sers-lui de l'eau, dit Nekhti à sa servante, et ramène vite Khat.

1. Oies.

Nekhti demanda à Alexandros de lui donner son coffre à bijoux. Il mit une bague à son doigt et deux bracelets le long de ses bras.

Alexandros admirait la sagesse et le calme du vieil homme, qui lui rappelait son oncle.

– Que penses-tu de la disparition de Nahouri ? lui demanda-t-il. Son père s'inquiète.

– Les jeunes femmes sont imprévisibles, répondit Nekhti. Peut-être a-t-elle trouvé un beau jeune homme plus riche que mon fils. On raconte qu'elle rencontrait parfois des hommes de Memphis au bord du Nil.

Héléna se montra très étonnée que Nekhti fût informé d'un détail qu'elle croyait être la seule à connaître. Le jour où son époux revenait de voyage, elle avait en effet vu Nahouri en compagnie d'inconnus. En y réfléchissant, elle trouvait que les jeunes gens avaient été prompts à s'éloigner lorsqu'elle avait engagé la conversation avec l'Égyptienne. Mais aucun d'eux ne lui avait semblé amoureux de Nahouri. Leur discussion était plutôt animée. Ils ne paraissaient pas partager le même avis qu'elle. De quoi s'entretenaient-ils ? Héléna aurait bien voulu le savoir mais elle n'avait rien entendu. Nahouri lui avait seulement semblé bizarre pendant quelques instants.

– A quoi penses-tu, Héléna ?

– Oh ! A rien d'important, répondit la jeune femme. J'étais étonnée que tu fusses au courant des rencontres de Nahouri avec des étrangers. En fait, tu restes ici toute la journée et tu connais tout mieux que quiconque dans cette maison.

Nekhti sourit.

- Des étrangers, dis-tu ? Peut-être pas…

A ce moment revint la servante, essoufflée. Elle avait marché vite pour contenter son maître.

- Impossible de trouver Khat, dit-elle, l'air désolé. J'ai visité toutes les pièces. Je l'ai appelée dans le jardin. Elle est introuvable !

- Que me racontes-tu là ? dit Nekhti. Elle se trouve obligatoirement dans la chambre de Tyi avec Mielos. Le malheureux Sétoui l'a chargée de veiller sur lui jusqu'à ce qu'il fût rétabli. Khat ne doit pas le quitter des yeux !

- Eh bien ! justement, répondit la servante en se tordant les doigts. Le petit a également disparu !

Nekhti appela deux esclaves.

- Soutenez-moi ! leur ordonna-t-il. Je vais voir Sétoui !

Bien que la porte de Sétoui eût été condamnée par le médecin, Nekhti entra brusquement et réveilla son petit-fils.

- Où est Mielos ? demanda-t-il sans attendre que Sétoui retrouvât ses esprits. Il a disparu !

Sétoui posa son doigt sur sa bouche.

- Mais non, dit-il. Il dort dans la pièce à côté. Il voulait se rapprocher de moi.

- Khat se trouve-t-elle avec lui ? Je désirerais lui parler.

- Bien entendu, répondit Sétoui. Où veux-tu qu'elle soit ? Sa tâche n'est-elle pas de veiller sur le petit ?

- Je constate que tes plaies sont loin de se refermer, dit Héléna à son cousin.

- Le médecin m'a interdit de me lever de crainte que le sang ne se remît à couler. Il affirme que je ne suis pas prêt d'être guéri !

- Paros est un excellent médecin, expliqua Nekhti à Héléna. Il est grec. Son grand-père a été formé à Épidaure. Lui, a suivi des cours à Cnide. Il est né dans l'île de Cos. Dans sa famille, l'art de la médecine se transmet de père en fils. En outre, il a acquis toutes les connaissances des Égyptiens dans ce domaine.

Alexandros, qui possédait quelques notions de médecine en tant qu'ancien athlète, observa attentivement les blessures de Sétoui.

- Je m'y connais mieux en foulures et en fractures qu'en coups de couteau ! dit-il. Mais ces plaies ne me semblent guère jolies. Ce n'est pas une saignée ou des ventouses qui vont les refermer.

Sétoui grimaça. Le moindre geste le faisait souffrir.

- Ma plus grande rage est de ne pouvoir aider mon père alors qu'il venait enfin de me confier une mission de confiance. Le scribe est-il arrivé ?

Nekhti le rassura.

– Non. Tu seras peut-être rétabli quand il parviendra jusqu'ici.

– J'en doute. Heureusement que Khoufou et Apouy sont en pleine santé. Ils peuvent déjà aider aux champs.

Le médecin entra en tenant à la main une coupe pleine d'une pâte verte et consistante.

– Que de monde ici ! maugréa-t-il. J'avais pourtant prescrit un repos complet ! Sétoui doit dormir pour se remettre vite. Que pourrait-il faire d'autre, de toute façon ? Il souffre beaucoup et il en sera ainsi tant que ses plaies ne se seront pas refermées. Laissons le temps faire son œuvre.

Nekhti se retira le premier, aidé des deux esclaves.

– Soigne-toi bien, dit-il à son petit-fils. Jamais Khoufou ou Apouy ne te remplaceront, mais ils possèdent d'autres qualités que les tiennes qui se révéleront d'un grand secours dans l'attente de ton complet rétablissement.

Héléna embrassa son cousin tandis que Nekhti entrait déjà dans la pièce voisine. L'enfant dormait effectivement, un jouet contre lui. Son souffle était régulier et discret.

– Mais où est Khat ? murmura Nekhti. Elle ne laisse tout de même pas cet enfant dormir seul. S'il s'étouffait pendant son sommeil ? S'il avait soif ? S'il se mettait à pleurer ?

- Cette absence est bien étrange, en effet, dit Alexandros. Voilà l'étoffe qu'elle porte habituellement sur ses épaules.

Alexandros regarda dans le jardin. La servante n'y était pas plus que dans la maison.

- Je vais chercher une esclave pour garder l'enfant, dit Héléna.

Nekhti la remercia.

- Tout cela est tellement insensé, dit le vieil homme. Ne trouves-tu pas qu'il se passe ici des faits curieux ? Nahouri part du jour au lendemain sans prévenir personne. Tyi se noie. Didou est tué d'un coup de couteau. Sétoui est agressé et le seul témoin de cette agression disparaît comme par enchantement !

Le souvenir de la mort récente de son petit-fils le troubla.

- Il va falloir prévoir de nouvelles funérailles alors que nous sortons d'un deuil, dit-il. Je vais m'assurer que Ramsès a fait le nécessaire auprès des prêtres, des scribes et des embaumeurs.

- Ne pourrait-on prévenir le scribe chargé des cultures que deux deuils ont frappé cette maison et qu'il vaudrait mieux pour lui se présenter un peu plus tard ? Sétoui aurait ainsi le temps de se remettre.

- C'est une excellente idée, Alexandros, dit Nekhti. L'inconvénient est que nous ne savons jamais où se trouve ce scribe itinérant. S'il arrive demain, Koblos et ses fils devront le recevoir... sauf si toi, fils de pharaon, tu interviens auprès de ton père.

– Est-il nécessaire d'envoyer un message au palais ? répondit le Macédonien. Je pourrais m'adresser aux fonctionnaires de Haute Égypte.

– Ce ne serait pas suffisant. Les lois égyptiennes sont strictes en ce qui concerne le contrôle des impôts et des cultures.

Ils se retirèrent pour laisser l'enfant dormir sous la surveillance de la servante qu'Héléna avait trouvée.

– Alors, je te promets d'écrire dès aujourd'hui à Ptolémée, s'engagea Alexandros, en espérant qu'il reçoive la lettre avant l'arrivée du scribe.

– Nos messagers sont presque aussi rapides que ceux du pharaon.

Héléna remercia son époux de son aide.

– Je sais que tu le fais pour Sétoui, que j'aime, et je t'en sais gré.

Alexandros la serra contre lui. Sans trop savoir pourquoi, il était de plus en plus séduit par le désert égyptien au milieu duquel coulait ce Nil bienveillant qui s'argentait sous les rayons du soleil. Son regard s'évada vers l'autre rive du fleuve, là où ceux qui étaient entrés dans le domaine d'Osiris reposaient, quittant parfois leur tombe magnifique pour retrouver Rê.

19

Alexandros n'avait pas achevé sa lettre que le scribe se fit annoncer. Tamit s'apprêtait à le recevoir quand le jeune Macédonien l'arrêta en lui prenant le bras.

- Où vas-tu ? lui demanda-t-il.

Il avait observé les manœuvres de la nourrice dont il se méfiait.

- Accueillir le scribe comme chaque année, lui répondit Tamit en mettant les mains sur les hanches. Pourquoi te rendrais-je des comptes ? Même si tu es le fils du pharaon, mon maître reste Koblos.

Alexandros la félicita de sa fidélité au seigneur des lieux.

- Je connais ce toit mieux que personne, ajouta-t-elle, et Koblos me fait confiance.

- Certes, Tamit, dit Alexandros. Cependant, tu n'es pas la maîtresse de maison.

- Si cette Égyptienne n'avait pas mis les pieds ici, je le serais déjà devenue.

- En es-tu sûre ?

- Oui. Koblos éprouve beaucoup d'affection pour moi. Je lui suis indispensable.

- Tu as surtout fait en sorte de le devenir peu à peu. Tu es maligne...

- Que veux-tu insinuer ? demanda Tamit en rougissant.

- Tu as très bien compris.

La nourrice partit en maugréant. Mais Apouy et Khoufou l'avaient précédée. Dès que leur père leur avait appris l'arrivée du scribe, ils s'étaient précipités pour lui offrir l'hospitalité.

Le scribe était arrivé dans un chaland nilotique avec une flottille appartenant au ministre, dirigée par un stolarque[1]. Il transportait avec lui une partie de son mobilier, de la vaisselle, de la nourriture pour ses voyages, une robe de chambre, des chlamydes en laine délicate de Milet pour l'hiver et l'été, des tuniques blanches neuves ou à demi usées, des sandales, des ceintures et des flacons de plomb d'un cotyle[2] contenant le célèbre parfum de Mendès, située dans le Delta.

---

1. Chef de flotte.
2. Environ un quart de litre.

Il avait aussi avec lui cinq *hins*[1] de parfums dans douze alabastres[2] scellés de son anneau et des guirlandes de fleurs.

Habitués à ses goûts, Khoufou et Apouy lui firent immédiatement servir des *chidras*.

- Voilà de l'orge comme je l'aime ! dit le scribe, ravi. Les glumes ont été enlevées à la main sans que les épis ne soient grillés. Je n'apprécie guère le gruau lorsqu'il est blanc et fade ! Pour réussir de tels *chidras*, vous avez dû cueillir les épis mûrs mais encore légèrement verts. J'en donne régulièrement à mon fils qui veut devenir un solide athlète. C'est moins cher que les cours du pédotribe[3]. Avec un salaire mensuel de sept drachmes, il est bien difficile d'élever un futur champion !

Khoufou et Apouy firent également don au scribe d'une bonne quantité d'ail en provenance des oasis lybiques et de Tlos de Lycie. Ils lui offrirent des pavots blancs et noirs dont le suc permettait de composer des parfums et dont les Égyptiens extrayaient l'huile d'œillette.

- Le dioécète serait heureux en voyant tant de variétés d'arbres ! dit le scribe en acceptant tous les cadeaux. Je vais lui rapporter des plants de figuiers de Chios, des grenadiers et des abri-

---

1. Mesure égyptienne d'environ un demi-litre.
2. Gourdes.
3. Professeur de gymnastique.

cotiers qu'il pourra faire replanter près d'Alexandrie, mais aussi des pieds de vigne à raisin fumé de Cilicie. Il souhaiterait faire de l'Égypte un immense verger !

*

Khoufou et Apouy travaillèrent pendant longtemps dans la maison de Ramsès, soucieux de montrer à leur père ce qu'ils étaient capables de faire. La mort de Didou paraissait déjà oubliée. Ils étaient penchés sur les manuscrits où étaient alignés les chiffres des récoltes précédentes.

– J'ai reçu il y a quatre mois des informations des fonctionnaires chargés des nilomètres dans l'île Éléphantine, dit le scribe. Nous savons de combien de coudées le Nil est monté. Le dioécète a pu ainsi établir les bordereaux fixant par village les superficies à ensemencer.

– Nous les avions reçus, répondit Khoufou.

– Parfait ! Vous possédez, je crois, une installation permettant l'irrigation artificielle après le mois d'octobre ?

– Tout à fait, dit Khoufou. Nous utilisons des chadoufs.

Le scribe avait remarqué, dès son arrivée, les puisoirs enfoncés dans la terre et le système de levier qui permettait de faire remonter les seaux d'eau.

- Vous vous êtes équipés. Voilà un excellent rapport ! Si tous les fermiers et les paysans tenaient ainsi leurs comptes à jour, nous aurions plus vite terminé nos tournées ! Chaque cité hellénique, qu'il s'agisse d'Alexandrie, de Naucratis ou de Ptolémaïs, possède ses propres contrôleurs. Mais, lorsqu'il faut surveiller la *chôra*, le pays égyptien, c'est une autre affaire ! Passer de tribus en dèmes[1] et de dèmes en tribus, quand on est fonctionnaire royal, n'est pas simple !

- La terre royale est si vaste ! dit Khoufou en songeant qu'il dirigerait bien une partie de ce sol dont le roi restait le seul propriétaire.

- Oui, et il s'agit bien de « terre royale », ce que certains particuliers oublient. Même si des terrains sont confiés à des Grecs ou à des Égyptiens pour des raisons diverses, le pharaon les possède tous. Ces terrains sont sacrés. Ils ont été remis par les dieux entre les mains du roi. Leurs revenus vont donc naturellement aux temples et aux clergés. Le roi doit également recevoir une partie des produits du sol.

- Bien entendu, dit Apouy. Ce n'est que justice. Sans le roi, notre père n'aurait pas la jouissance de ce domaine. Que le comarque dresse un bilan précis des récoltes ou des cultures ne me choque pas.

1. Bourgs.

Khoufou invita le scribe à visiter les nouvelles plantations d'arbres que son père avait faites dans l'année. Il lui montra également le cheptel qui, lui aussi, appartenait au roi.

– Je prendrai quelques oies et quelques porcs pour le palais d'Alexandrie, dit le scribe en s'émerveillant de la rondeur des volatiles.

Il regarda attentivement les chevaux et les veaux.

– Nous possédons quelques pigeons...

– Je vois, dit le scribe en faisant la moue. Le roi a le monopole de l'élevage des pigeons ainsi que de la production du miel. Il vous faudrait une autorisation, mais j'ai cru comprendre que l'un des fils du pharaon faisait partie de votre famille.

– En quelque sorte, répondit Khoufou en redressant la tête.

– Dans ce cas, nous nous passerons de cette formalité. Je vous conseille, cependant, de limiter votre production de miel pour ne pas mécontenter vos voisins et d'éviter que vos pigeons n'aillent chez eux. Des plaintes seraient déposées au bureau du comarque et nous serions contraints de les enregistrer.

– Nous serons vigilants, promit servilement Apouy.

– Je vous donnerai seulement un conseil. Afin d'être libres et pleinement propriétaires de cette terre que le roi vous loue, pourquoi ne faites-vous pas valoir vos liens de parenté avec lui ? Vous auriez ainsi les mêmes droits que Zénodote.

Khoufou retint son frère qui s'apprêtait à approuver le scribe.

– C'est une possibilité à envisager, répondit-il sagement en se tournant vers Ramsès qui écoutait tout sans intervenir. Cependant, dans l'état actuel des choses, nos esclaves sont payés par l'État. Une fois notre loyer versé, l'État nous propose des aides pour les semences. Quand la récolte d'une année se révèle moins bonne qu'une autre, il nous fait des avances. Si nous devenons propriétaires de ce terrain, nous serons obligés de prendre tout en charge, quels que soient les événements qui se présentent.

– La raison passe par ta bouche, dit Ramsès.

– A vous de juger ! répondit le scribe.

Les quatre hommes se rendirent à la limite des champs de Koblos et atteignirent le bord du Nil où se dressait le temple rénové par Ptolémée. Le scribe passa en revue les grands prêtres, les prophètes et les stolistes chargés de la vêture du dieu, les ptérophores[1] et les hiérogrammates[2]. Il s'entretint en privé avec les cinq responsables de chaque tribu qui administraient le temple et avec le délégué

1. Porteurs d'ailes.
2. Scribes sacrés.

royal, l'épistate, qui avait reçu sa charge de son père et était nommé à vie. Le scribe manifesta le désir de connaître le nom des nouveaux monographes chargés de la rédaction des actes égyptiens.

– Le pharaon vous convoquera à Memphis pour l'anniversaire de sa naissance, dit le scribe. Et n'oubliez pas que Ptolémée souhaite maintenant récupérer le sixième des produits de la vigne et des arbres fruitiers que vous donniez autrefois aux dieux. Je sais aussi que vous persistez à confectionner ici vos habits en lin. Il n'en est plus question ! Tout ce dont vous avez besoin vous sera fourni par le palais.

Les prêtres à la tête rasée acceptèrent de mauvais gré les ordres du scribe.

– Je compte sur votre obéissance, insista le scribe. Sinon, il vous faudra en découdre avec les juges de la région !

Le scribe était petit et râblé, mais, dès qu'il apparaissait, les têtes se courbaient et les conversations s'arrêtaient. Il rejoignit Khoufou, Apouy et Ramsès qui l'attendaient à l'ombre d'un sycomore.

– Ce matin, j'ai dû remettre en place un brasseur juste en arrivant. Il vendait sa bière sans avoir payé de licence au pharaon et espérait ainsi ne pas reverser une partie de ses recettes.

– Comment se procurait-il l'orge dont il avait besoin ?

– Il m'a affirmé que vous lui en vendiez avant les contrôles !

Khoufou se récria.

– Rassurez-vous, dit le scribe en hâtant le pas. Je ne l'ai pas cru. Il possède sans doute ses propres céréales. Comment comptez-vous transporter les grains que vous devez au pharaon ?

– Nous louons chaque année les services de plusieurs âniers qui portent les céréales au village. D'autres transporteurs les confient ensuite au grenier du sitologue[1] du bourg.

– Donnerez-vous aussi de l'argent à la place d'une partie des céréales ?

– Oui, répondit Ramsès, comme chaque année.

– Cet argent devra alors être versé à la banque du bourg et non au Trésor, même si l'ensemble renfloue le Trésor royal. Le pharaon a renforcé la sécurité des bateaux qui assurent le transport jusqu'à Alexandrie. Les mariniers craignaient à tout moment d'être attaqués. Nous y avons remédié. Nous allons pouvoir calculer dès maintenant les impôts que vous devrez payer. Retournons chez Ramsès.

Les quatre hommes se retrouvèrent assis l'un en face de l'autre. Le scribe sortit son nécessaire

1. Gestionnaire des greniers.

d'écriture et réfléchit un instant, le calame pointé vers le toit.

– J'établis, comme d'habitude, l'*artabieia* selon la superficie et le rendement du sol. Il sera dû en nature pour les terrains à céréales. L'*eparourion*, portant sur les vignes et les arbres fruitiers, sera versé en argent.

– On peut y ajouter l'impôt du sixième pour le culte de la divine Arsinoé, précisa Ramsès.

– Très bien. Comment souhaitez-vous payer l'impôt sur la maison, la taxe sur le bétail, l'impôt pour l'entretien des canaux, la taxe pour l'arpentage, celle pour le salaire des policiers et des scribes et celle de droit de pacage ?

– De la même manière, répondit Khoufou après avoir consulté Ramsès.

– Je vous fais grâce de la licence sur la production du miel. La déclaration que vous avez faite l'année dernière pour la maison, le blé et le bétail est conforme à ce que je viens de constater. Voyons, ajouta-t-il en révélant au fur et à mesure ce qu'il écrivait. « En l'an 21 du règne de Ptolémée, fils de Ptolémée Sôtêr, le 2 du mois d'Epeiph, à Tasnit, Khoufou et Apouy, fils de Koblos, de Tasnit, et Saccos, un des scribes de la taxe de pâture du dème, ont conclu l'accord suivant, en présence du scribe Ramsès, au sujet du montant de la taxe de gardiennage des bêtes qui sont à Tasnit pendant la vingt et unième année, pour quarante bœufs d'une obole, dix drachmes, pour vingt-cinq ânes de trois oboles, quinze drachmes et deux oboles[1], à condition que cette somme soit remise à la banque du bourg avant le 30 Mésorè[2] de la même année. Si cette somme n'est pas réglée à cette date, l'argent dû sera augmenté de cinquante pour cent et la requête établie selon le droit fiscal.

« Khoufou et Apouy, fils de Koblos, à Saccos. Je reconnais être d'accord avec les estimations faites ci-dessus. »

Puis le scribe passa aux autres évaluations. Son travail dura longtemps.

– Voilà ! dit-il enfin quand il acheva d'écrire la dernière ligne et qu'il remit à Khoufou les documents à signer. Je n'ai plus qu'à envoyer ce rapport à l'éklogiste[3] en chef et à la Chambre des comptes d'Alexandrie. Si je ne m'abuse, Alexandros a été élevé par un célèbre éklogiste de cette ville.

– C'est exact, répondit Khoufou. Mais son vrai père est Ptolémée. Et Alexandros est mon cousin par alliance !

---

1. Une drachme correspondait à environ 3,6 grammes d'argent et une obole à 0,6 gramme. Toutefois, il s'agit là d'estimations contestées.

2. Le 30 octobre 267.

3. Le comptable de la ville, chargé de la vérification des comptes, qui travaille conjointement au dioécète.

Cette remarque fit sourire le fonctionnaire royal.

– Continuez à verser régulièrement l'impôt sur les terres tous les trente jours et à maintenir vos comptes à jour. Le pharaon a augmenté les amendes sur les fraudeurs, même s'ils sont de bonne foi !

– Le Trésor public doit déborder de richesses ! s'exclama Apouy en regrettant aussitôt sa remarque.

– D'environ quinze mille talents, répondit le scribe froidement. De quoi entretenir une flotte et une armée puissantes en cas de besoin !

*

Malgré sa peine, Koblos se montra flatté des compliments que le scribe lui adressa au sujet de ses fils qui s'étaient montrés efficaces et rapides.

A la fin de la journée, Khoufou rentra dans sa chambre très satisfait de lui.

– Tout est déjà réglé ? lui demanda Abi, étonnée.

– L'essentiel. Demain, le scribe retournera plus longuement dans les champs.

– J'espère que ton père saura apprécier ton efficacité. Si Sétoui s'en était occupé, tout aurait été tellement plus lent !

Abi rangea quelques jouets qui traînaient. Elle les disposa dans un coffre et parut plus attentive que d'habitude aux propos de son époux.

-Ton père devrait comprendre qu'il doit t'impliquer davantage dans les affaires de la maison. Je ne puis admettre qu'il ait demandé à Alexandros d'aider Sétoui et Didou et qu'il te tienne à l'écart alors que tu es plus âgé que Didou.

- Moi non plus, je ne l'admets pas, dit Khoufou, étonné que sa femme fût à ce point emportée contre Koblos.

Ce dernier entendit par hasard les paroles de sa belle-fille. Afin de ne pas laisser subsister la moindre ambiguïté dans l'esprit de son fils, qu'il savait impulsif et jaloux, il le mit au courant de la manière dont s'étaient déroulés les faits.

-Ah ! père, je ne t'avais pas entendu, dit Khoufou, nullement gêné.

- Je sais, lui répondit Koblos. J'aurais souhaité qu'en ce jour de deuil tu laisses de côté tes animosités et ta soif de pouvoir. Mais, puisque vous avez abordé tous deux ce problème, je vais vous éclairer. J'avais l'intention d'agir en toute équité pour mes quatre fils et de profiter de la présence d'Alexandros pour les favoriser. Ton grand-père m'a éclairé et m'a montré la voie à suivre.

Khoufou avala d'un trait une coupe de vin et s'en resservit une aussitôt.

– Tu l'as écouté ? Mais pourquoi ? Voilà bien longtemps que grand-père ne s'occupe plus du domaine !

Koblos hocha la tête. Cette remarque lui déplaisait.

– Nekhti est encore vivant, tu parais l'oublier ! Il est parfaitement lucide et il est naturel qu'il s'exprime sur les affaires de cette maison quand il le souhaite !

Comme Apouy apparaissait dans l'encadrement de la porte, Khoufou l'invita à se joindre à eux.

– Viens donc ! lui cria-t-il. Tu n'es pas au bout de tes surprises !

Khoufou lui fit un bref résumé de ce que son père venait de lui apprendre.

– Je ne suis pas d'accord avec toi, père, dit Apouy en renversant la tête en arrière pour avaler des raisins secs. Grand-père est trop âgé pour prendre des décisions. Aujourd'hui, les jeunes n'ont pas besoin de perdre leur temps à faire des études pour s'affirmer. Qu'Alexandros me permette de devenir stratège et j'administrerai toute la région !

Apouy se dandinait sur un tabouret, très satisfait de lui. Comme son père ne répondait pas, il lui demanda pourquoi il restait muet.

– C'est ce genre de remarque qui a sans doute poussé Alexandros à ne pas intercéder en ta faveur. Je le comprends et je l'approuve.

– Tu l'approuves ? hurla presque Apouy. Alors que nous travaillions autant que Sétoui ou Didou ! C'est injuste !

– Didou ne travaillera plus pour moi, répondit Koblos dans un souffle.

– Sans doute sera-t-il plus heureux là où il est !

– Comment peux-tu dire cela ? N'aimais-tu pas ton frère ? Vous étiez si proches. Vous paraissiez inséparables.

Apouy haussa les épaules.

– Qu'y puis-je ? Je ne tiens pas les rênes du destin entre mes mains. Quand les Moires coupent le fil de la vie, nous sommes contraints de l'admettre.

– Tu prétends donc qu'Alexandros était d'accord avec grand-père…, remarqua Khoufou.

– Oui, du moins en ce qui concerne Sétoui. Bien qu'ils ne se fussent pas consultés à ce sujet, ils ont émis à peu près le même avis.

Khoufou se referma sur lui-même.

– Et maintenant ? reprit Apouy en marchant de long en large dans la pièce selon une habitude chère à son père. Maintenant que nous avons remplacé Sétoui et que nous avons travaillé avec le scribe ?

Koblos reconnut leurs mérites.

– Alexandros révisera peut-être sa position.

– Il faut l'espérer ! s'exclama Apouy.

– Je doute toutefois que ce soit une bonne chose pour vous deux.

– Que veux-tu dire ? grommela Khoufou.

– Didou et Sétoui ont été sauvagement agressés. L'assassin en voulait-il à mes fils ou n'est-ce là qu'une coïncidence ?

– Khat a raconté que ce serait l'œuvre d'une femme.

– Rien ne le prouve, avança Abi qui jusque-là n'avait rien dit.

Khoufou éclata de rire.

– Rassure-toi, Abi. Personne ne t'accuse. Comment aurais-tu la force d'agresser Sétoui ?

– Je suis plus forte que tu ne le penses, répliqua-t-elle. Mais, en l'occurrence, je n'y suis pour rien.

Apouy songea à part lui qu'Abi pouvait cependant avoir une excellente raison de voir avec joie disparaître Sétoui. Khoufou ne prendrait-il pas alors la place de l'aîné ?

– Où étais-tu quand mes frères ont été frappés ? lui demanda Apouy.

– Cela suffit, Apouy ! ordonna Koblos. S'il s'agit d'une femme, ce peut être une servante, une étrangère qui se sera introduite dans la maison. Mais il peut aussi s'agir d'un homme déguisé en femme.

– Que fais-tu des bijoux trouvés sur le lieu du crime ? ironisa Apouy. Non, père, tu ne veux pas regarder la réalité en face. Mais je te le dis comme je le pense : si ce crime a été commis par une femme, il ne s'agissait pas d'une domestique. Il peut s'agir d'Héléna, d'Abi, de Nahouri, de Létho ou peut-être de Tamit, à moins que Tyi ne vienne nous harceler. Mais je ne crains pas les morts.

- Toujours ta belle assurance ! s'exclama Koblos. Je vais cependant ordonner à Ramsès de faire dessiner les fresques ornant la cour du tombeau au plus vite. Si Tyi est en colère pour une raison que nous ignorons, nous la calmerons grâce à des présents.

*

Les paysans de Koblos rentraient des champs. Le soleil se couchait. Un vent léger balayait les sables du désert. Tamit alluma les lampes en forme de barques où brûlait de l'huile d'olive. Elle passa dans toutes les pièces pour vérifier les mèches en corde, imprégnant certaines d'entre elles de graisse.

- Puisse Tyi manquer de lumière jusqu'au lever du jour, marmonna-t-elle. Qu'elle reste seule dans le noir. Qu'elle s'y ennuie et qu'elle y pleure !

Mais, prenant soudain conscience de ce qu'elle disait, Tamit pria soudain les dieux des ténèbres.

- Oubliez ce que je viens de dire. Par Osiris, Isis, Pluton et tous les dieux, épargnez-moi. Je parle toujours trop ! Il faut, au contraire, apaiser Tyi. Le maître l'a bien dit !

Son visage fermé s'illuminait dès qu'elle songeait à Koblos.

- Il m'apprécie, se dit-elle. Je suis sûre qu'un jour viendra où il m'épousera. Et ce jour n'est pas loin !

Elle remit en place l'un de ses peignes et essuya le khôl qui avait coulé sur le bord extérieur de ses yeux.

- Je suis encore jeune et je ne suis pas laide. J'ai toutes les chances de convaincre Koblos de m'épouser. Quelle vengeance ce serait pour moi qui suis considérée ici comme une esclave !

Elle se mit à chantonner en rangeant tantôt une étoffe, tantôt un objet qu'elle ramassait à terre.

Koblos ne manifesta pas le désir de veiller tard car il voulait se lever avec l'aurore. Aussi se leva-t-il de table dès qu'il eût fini de dîner. Il s'excusa auprès du scribe qu'il hébergeait et qui en profita, lui aussi, pour se coucher tôt.

- J'attendais cet instant, dit doucement Nekhti à Ramsès, car je voulais parler à quelqu'un de confiance.

Ramsès se rapprocha du vieil homme pour mieux l'entendre et ne pas avoir à hausser le ton.

- Toi qui es instruit, Ramsès, lui dit Nekhti, dis-moi, à ton avis, qui a tué Didou.

Ramsès regarda Nekhti entre ses cils.

- N'as-tu pas une idée sur la question ?

– Si, répondit Nekhti, et j'ai l'impression que tu partages mon avis. La question est simple. Il faut se demander à qui profite un tel crime. On a voulu éliminer Didou et Sétoui. Qui pouvait en tirer profit ?

– Je suis d'accord et j'ai beaucoup réfléchi. Si Sétoui était mort, Khoufou et Abi sont ceux qui en auraient le plus bénéficié car Khoufou serait devenu le fils aîné de Koblos. Apouy avait également intérêt à tuer ses deux frères car Alexandros les avait choisis pour les aider dans leur carrière. Aujourd'hui, le fils du pharaon peut adopter une autre politique. J'estime que Khoufou et Apouy sont ceux à qui ces crimes auraient le plus bénéficié... si ce n'est qu'il s'agit de leurs frères.

– Ne nous laissons pas aveugler par des liens fraternels, Ramsès. Plus Khoufou prend de l'âge, plus il est arrogant et sûr de lui. Quant à Apouy, la modestie ne l'étouffe pas ! J'ai honte de le dire car il s'agit de mes petits-fils, mais je suis obligé de reconnaître que rien ne les arrête. Je les ai observés cet après-midi. Quel zèle auprès du scribe ! Et pourtant Didou ne se trouve pas encore entre les mains des embaumeurs !

– Tous deux n'ont pas accepté d'avoir été mis à l'écart...

– Ils sont furieux et dénués de scrupules ! Il ne s'agit cependant là que d'hypothèses. Je crois Tamit autant capable d'un assassinat que ces deux-là !

- Tamit ?

Ramsès réfléchit.

- Après tout, tu n'as peut-être pas tort.

- Elle a toujours été jalouse. Son seul but est de prendre la place de mon ancienne belle-fille. Je me suis longtemps demandé comment celle-ci était morte. Elle avait attrapé une indigestion à vingt-sept ans, mais, au lieu de retrouver des forces, elle s'est éteinte peu à peu comme si elle buvait chaque jour des potions empoisonnées.

- Tamit la soignait.

- Oh ! oui, et avec dévouement ! Elle veillait sur elle nuit et jour ainsi que le médecin le lui avait recommandé !

Nekhti fit un geste d'agacement.

- Je vois le mal partout !

- Et tu as raison. Mais j'ai une autre idée.

Nekhti le regarda surpris. Il le pressa de questions.

- Je ne dirai rien pour le moment, répondit Ramsès. En parlant, je crains de te mettre en danger.

- Moi ? Et toi, ne l'es-tu pas ?

- Si, bien sûr. Mais qui est en sécurité dans cette maison ?

Nekhti montra de l'inquiétude.

- Tu penses donc que d'autres personnes peuvent être agressées…

– Oui.

Nekhti frissonna.

– Tu n'en diras pas plus, n'est-ce pas ?

– Pas ce soir, répondit Ramsès.

– Alors, rentrons. A l'intérieur, nous serons au moins à l'abri des malfaisants.

– Peut-être.

Ramsès aida Nekhti à se lever et l'accompagna jusqu'à sa chambre. Il fit ensuite le tour du domaine avant d'aller se coucher. La vie paraissait réglée dans les moindres détails. Pourtant, tout avait changé en peu de temps. Cette existence monotone et laborieuse d'une famille heureuse avait été bouleversée depuis l'arrivée de Nahouri.

Tandis que Ramsès, allongé sur le dos, réfléchissait, son regard se figea sur les poutres du plafond.

– Mais oui, murmura-t-il, les drames se sont succédé depuis que Nahouri est entrée dans cette maison, Nahouri de Memphis !

20

Alexandros rejoignit Ramsès au tombeau de Tyi. Il avait besoin de s'entretenir avec un homme qui connût bien la famille de Koblos.

Le Macédonien trouva le scribe en plein travail.

– Il m'a fallu interrompre les travaux pour préparer les rapports que Khoufou a montrés au fonctionnaire royal, lui dit Ramsès. Or, Koblos souhaite que la décoration de la cour avance pour plaire à Tyi.

– Que penses-tu du retour hypothétique de l'épouse de Sétoui parmi nous ?

Ramsès sourit.

– Les Égyptiens croient encore au voyage des morts parmi les vivants.

– Et toi ?

– Oh ! moi... Cette version reste plausible, puisque les prêtres le prétendent, mais je ne puis négliger la possibilité qu'une main bien vivante frappe la famille de Koblos. Veille sur Héléna. Elle aussi pourrait être en danger…

– Pourquoi me dis-tu cela ? Héléna n'est pas une fille de Koblos. Elle ne peut hériter du domaine que le pharaon loue à Koblos. En outre, Zénodote possède son propre terrain dont elle héritera.

– Sur ce point, tu as raison, mais si l'assassin de Didou ne visait pas le domaine de Koblos ?

Alexandros demeura interdit.

– Je ne te suis pas.

– Qu'importe, conclut Ramsès. Il s'agissait d'une simple remarque. Les hommes tuent pour des motifs divers : la jalousie, l'envie, la passion, la colère…

– Ce n'est que trop vrai, répondit Alexandros en suivant du regard la main de Ramsès qui dessinait des hiéroglyphes sur un papyrus déroulé sur ses genoux.

– Connais-tu l'égyptien, parole divine de Thot ? lui demanda le scribe en le voyant attentif.

– Pas encore. Qu'y a-t-il d'écrit sur ce papyrus ?

Ramsès lut en montrant les hiéroglyphes du doigt. Alexandros suivit les signes des yeux par-dessus son épaule.

– Et là ? Que signifie ce dessin ?

- Rien de précis. Il achève la phrase. Il s'agit d'un élément figuratif qui résume la signification de la phrase entière.

Ramsès plaça un dernier mot en tête de sa phrase. Il esquissa trois rangs de vaguelettes sous lesquelles il dessina un roseau.

- *Iouâbti*..., murmura-t-il en écrivant.

- Ce qui signifie ?

- « A été lavé. » Oui, tout doit être purifié pour éloigner les esprits retors et hostiles.

Puis il se mit à écrire en démotique[1].

- Rares sont les scribes qui connaissent de nos jours les hiéroglyphes, précisa Ramsès. J'ai d'abord appris l'écriture hiératique puis démotique pour le travail administratif. J'ai ensuite été curieux de connaître l'écriture sacrée.

- Trouverais-tu le temps de m'enseigner tout cela ? Je te paierai bien. Si je prends un jour la succession de mon père, je voudrais lire la langue du peuple.

- Il te faudra dans ce cas t'armer de patience, répondit Ramsès en riant, car le peuple est aujourd'hui constitué de Grecs, de Perses, de Galates...

- Je ne le sais que trop, mais je ne veux pas comme mon père ne connaître que le grec. Promets-moi de m'aider.

Ramsès découvrit ses dents un peu jaunes.

1. Écriture cursive.

– En échange, lui dit-il, tu me raconteras comment tu vivais là-haut, à Philippi.

– Je m'y engage, répondit Alexandros.

– Laisse-moi encore faire une estimation pour les frais des funérailles de Didou et je suis à toi.

Un artisan apporta une gerbe de papyrus et la déposa au pied d'un tréteau en bois. Il prit délicatement chaque tige de papyrus, les mouilla et les aplatit longuement avant de les juxtaposer dans le sens de la longueur puis, par-dessus, dans le sens de la hauteur de la feuille sur laquelle Ramsès pourrait écrire.

Un peu plus loin s'étaient installés les sculpteurs et les creuseurs de vases. Un artisan travaillait le chapiteau palmiforme d'une colonne de la cour de Tyi. Un ouvrier lui tendait tantôt une herminette, tantôt un ciseau, tantôt un polissoir. Sur la même colonne, un dessinateur, un calame dans une main et une palette à ses pieds, écrivait de gigantesques hiéroglyphes avant de les graver et de les peindre en bleu turquoise ou en vert.

En face d'eux, sur un échafaudage en bois, un artiste traçait les contours d'un sphinx.

Le bruit devint bientôt insupportable. Certains tapaient avec un maillet ; d'autres polissaient du granit. On entendait des cris insatisfaits. Un outil tombait à terre.

Des ouvriers tirèrent jusqu'à l'atelier, à l'aide de cordes, une masse d'albâtre de neuf coudées sur un traîneau en bois. Des canniers jetaient de l'eau sur le sol pour le rendre glissant. Ils enlevaient les pierres qui pouvaient gêner le parcours du traîneau. Ils se désaltéraient souvent et chantaient pour encourager ceux qui suaient en tirant de toutes leurs forces sur les cordes.

Alexandros préféra laisser Ramsès poursuivre son travail. Il admira les œuvres des artistes qui taillaient des vases dans le schiste. L'or fondait sur un brasier attisé par plusieurs hommes. Le métal fondu était ensuite versé dans des lingotières avant d'être remis aux artistes. Chaque artisan pesait la quantité d'or dont il avait besoin à l'aide d'une balance et de poids en forme de sphinx. Assis sur un tabouret, il martelait le métal, le faisait parfois ramollir à la chaleur de la flamme pour lui donner la forme souhaitée.

Quand le travail était achevé, chaque œuvre était disposée sur une planche en bois.

Ramsès examina attentivement toutes les pièces : une coupe représentant un bouquet de papyrus ; une aiguière en forme de canard ; un long cratère décoré d'oryx et de gazelles.

- Quel travail magnifique ! s'étonna Alexandros.

En homme exigeant, Ramsès répondit.

- J'ai choisi les meilleurs artistes. Ils sont capables de saisir une attitude, de rendre l'expression d'un visage. Koblos les paie bien. Il est attentif à leur confort. L'atelier est frais et propre. Les ouvriers reçoivent chaque jour des vivres et des vêtements.

– Ramsès, penses-tu qu'Apouy soit capable de diriger un tel domaine ? demanda Alexandros.

Le scribe le regarda, surpris.

– Pourquoi me poses-tu cette question ?

– Parce que Koblos m'a prié d'aider ses fils à obtenir d'importantes fonctions dans le bourg. Lui-même a l'intention de leur confier plus de responsabilités. Il avait décidé de privilégier Sétoui et Didou. J'aurais aimé faire quelque chose pour l'aider.

– Et tu songes à Apouy ? s'exclama Ramsès. Mais il a tout juste l'âge de l'éphébie[1] ! Il est trop jeune !

– Je suis de ton avis, dit Alexandros.

Ramsès fronça les sourcils.

– Des ennuis ? lui demanda le Macédonien.

– Nous avons dépassé la quantité d'or que j'avais prévue. L'ornementation de ces murs et de ces rangées de colonnes va nous coûter très cher. Il faudra ensuite commencer la tombe de Nahouri. Ces objets sont pour elle.

– Pour Nahouri ?

---

1. Formation civique et militaire touchant les jeunes Grecs âgés de dix-huit à vingt ans.

– Koblos le veut alors qu'elle ne reviendra peut-être plus ici. Jamais une telle fortune n'a été dépensée pour une concubine.

– Koblos la considérait comme sa future épouse.

Ramsès eut un geste agacé.

– Foutaise que tout ça ! dit-il. Koblos est bien trop attaché aux coutumes de ce pays. Le statut de notre ville interdit les unions mixtes entre Grecs et Égyptiens pour préserver la pureté des races. Sa première épouse était grecque comme lui.

– L'amour entraîne parfois des décisions inattendues. Avec tous les Grecs que l'Égypte a recrutés dans son armée, je doute que les soldats des clérouquies[1] ne trouvent pas ici femmes à leur convenance. Le roi leur donne des terres à cultiver d'une honnête superficie. Les Égyptiennes sont fines guêpes. Elles savent où se fait le miel.

– Sans doute, mais je connais Koblos. Il respecte les lois et les coutumes. Au moment de se marier, il aurait reculé de dix pas en arrière.

Bien qu'il en eût douté, Alexandros ne chercha pas à polémiquer avec le scribe.

– Et Tamit, est-elle grecque ? demanda-t-il.

1. Colonies grecques.

– Tamit ? s'étonna Ramsès. Oui, je le pense. Mais pourquoi parles-tu de Tamit ?

– Apouy et Khoufou ne l'apprécient guère. S'ils devenaient les maîtres du domaine, Tamit se retrouverait bien vite sur le marché à vendre des fripes.

– Voilà qui lui donnerait une bonne leçon ! Elle n'arrête pas de colporter des rumeurs qui sèment la terreur dans toute la maison. N'a-t-elle pas affirmé à Sétoui qu'il y aurait ici d'autres victimes et qu'il ne serait pas le dernier ?

– Je m'étonne que Sétoui ne reprenne pas des forces plus vite. Ses blessures ne se sont pas infectées. Il paraît toutefois très faible.

– C'est peut-être parce que Tamit s'occupe de lui..., dit le scribe.

– Que veux-tu dire ?

– Oh ! Rien de précis. Mais cette femme a l'esprit tellement mauvais qu'elle ne peut guère favoriser les guérisons.

– Koblos redoute tant que Sétoui soit de nouveau en danger qu'il fait goûter chacun des plats qu'il mange. Tamit aurait refusé de se dévouer pour lui être agréable.

Le scribe éclata de rire.

– Tamit a toujours été dévouée en paroles. Elle n'offrirait sa vie pour personne ici, pas même pour Koblos !

Ramsès s'interrompit pour donner un ordre à un ouvrier.

- Nous allons tailler une gigantesque statue de Nahouri dans ce morceau d'albâtre, dit-il à Alexandros.

Puis il ajouta, pensif :

- Pourquoi ne pars-tu pas dans une autre ville avec Héléna ?

Alexandros ne s'attendait pas à une telle réflexion.

- Mais la famille d'Héléna se trouve ici ! Elle est venue en Égypte pour la voir !

- Je croyais que tu désirais tout connaître de ce pays, descendre le Nil, aller de ville en ville, de temple en temple...

- Telle était mon intention. Rien ne presse.

Ramsès s'excusa. Les esclaves tentaient de mettre l'albâtre à terre.

- Nous nous retrouverons une autre fois, lui dit Alexandros.

Le scribe lui fit signe qu'il en serait heureux.

Alexandros s'arrêta un instant devant le tombeau de Tyi. Il crut entendre sa voix chantonner à ses oreilles, mais ce n'était que le vent soulevant le sable. Il la revit au moment où Sétoui la sortait de l'eau. Son visage dur et crispé avait perdu ses couleurs.

Il emprunta le chemin qui menait au domaine en soupirant. Pauvre Sétoui ! Il venait de perdre sa femme et il luttait maintenant contre la mort !

Les traits enflammés de colère de Tyi s'imposèrent à lui. Comme elle détestait Nahouri !

Mais l'Égyptienne ne le lui rendait-elle pas ? Pourquoi songeait-il subitement à elle en suivant le sentier rocailleux ? Plus il avançait, plus la raison lui en parut évidente. Il flottait dans l'air le doux parfum de Nahouri, une senteur tenace et particulière que l'Égyptienne préparait elle-même avec des plantes aromatiques et où dominait le jasmin.

– Nahouri est passée par là il y a peu de temps, dit Alexandros. Serait-elle revenue ?

Le Macédonien hâta le pas. Il voulait en avoir le cœur net, comme si le retour de Nahouri panserait toutes les blessures et toutes les peines.

21

En rentrant dans la maison de Koblos, Alexandros se heurta à Tamit. Il la trouva changée. Elle sortait de son bain et tenait dans sa main de la pâte d'argile avec laquelle elle s'était frotté le corps. Une esclave portait sa cuvette, dont le fond était encore plein de sable et de natron, et le sel qui avait permis de purifier l'eau de son rince-bouche.

Elle embaumait la térébinthe et l'encens. L'esclave lui avait passé sur la peau de la poudre d'albâtre et du sel mêlé de miel pour qu'elle retrouvât l'éclat de sa jeunesse. Elle avait dissimulé une verrue inélégante qui enlaidissait son nez et avait teint ses quelques cheveux blancs.

– Tamit ! s'exclama Alexandros. Mais qu'as-tu fait… ?

La nourrice le regarda de haut.

– Ce que j'aurais dû faire depuis longtemps ! M'occuper de moi ! Il n'y avait personne dans la maison. J'en ai profité.

Elle laissa tomber par mégarde une feuille de papyrus qu'elle s'empressa de ramasser. Mais Alexandros fut plus prompt.

– Une recette rédigée en grec ? lui dit-il.

Il lut avec étonnement.

– « Séparer les gousses des graines, les faire sécher, les arroser légèrement, chauffer la pâte et recueillir l'huile suintant à la surface. La verser dans une coupe et l'appliquer sur la peau pour atténuer les taches de vieillesse. »

Alexandros éclata de rire.

– Te voilà attentive à ta beauté ?

La coiffeuse rangea dans un petit coffre un miroir ovale à manche doré en forme de cariatide et de nombreuses épingles en ivoire de toutes tailles.

– Abi et Héléna se coiffent souvent seules, mais Tamit se fait peigner, dit Alexandros, les mains sur les hanches.

Il ne lui était pas désagréable de provoquer la nourrice.

– Aurais-tu trouvé un fiancé ?

– Si tu n'étais pas le fils du pharaon..., maugréa Tamit.

– Des menaces ?

– Non. Mais Nahouri se faisait bien maquiller et masser, elle !

- Ah ! Nahouri précisément ! répéta Alexandros en retrouvant son sérieux. Toi qui es habile dans la préparation des potions et des parfums, sais-tu quelles essences elle choisissait pour parfumer son corps ?

- Demande à sa masseuse.

La servante qui portait la cuvette répondit en rougissant :

- Nahouri tenait à préparer elle-même son parfum. Elle y passait du temps et nous empêchait de la regarder faire.

Alexandros planta ses yeux dans ceux de Tamit.

- As-tu vu Nahouri aujourd'hui ? lui demanda-t-il.

- Par Sérapis, pourquoi l'aurais-je vue ? Est-elle revenue ?

Sa voix semblait dépitée.

Alexandros ne lui répondit pas. Il inspecta minutieusement toutes les pièces.

- Que se passe-t-il ? cria Nekhti de sa chambre. Qui me réveille ainsi ? Ce matin, Abi a fait jouer les enfants devant ma chambre et maintenant je n'entends que des portes qui claquent !

Alexandros alla saluer le vieil homme.

- J'ai de bonnes raisons de penser que Nahouri est revenue, dit-il, même si elle ne se présente pas devant nous.

- Explique-toi. Je ne comprends pas.

Le Macédonien lui parla de ce parfum tenace qu'il avait reconnu.

– En effet. J'ai toujours trouvé que Nahouri se parfumait comme les filles du quartier de Rhacotis. Aucune femme de la maison n'utilise des plantes aussi fortes. Tout cela ne me plaît guère.

– Sétoui dort-il à côté ?

– Oui. Je ne l'ai pas entendu se lever de la journée. Pauvre garçon !

Alexandros poursuivit son investigation. Il frappa à la porte de la chambre d'Abi qu'il entrouvrit. La pièce était en désordre. Sur le sol gisait un corps inconscient, face contre terre.

Alexandros décela une entaille sur la nuque.

– Nekhti ! Vite, des esclaves et un médecin ! Khoufou perd son sang !

Paros arriva quelques instants plus tard. Koblos l'hébergeait tant que Sétoui n'était pas tout à fait rétabli. « On ne sait jamais, lui avait-il dit. La vie de mon cher fils m'est précieuse. Si des complications aggravent le mal, s'il attrape la fièvre, si les plaies s'infectent, je veux que tout soit mis en œuvre pour le guérir et soulager sa douleur. »

– Il n'y a rien à faire, dit le médecin après avoir examiné Khoufou. Il est parti, lui aussi, pour le royaume d'Osiris, et depuis peu. Son corps est chaud et souple. Ses traits n'ont rien de figé. On dirait qu'il dort. Quelle misère !

Comment informer Koblos qu'il vient de perdre un autre fils ?

Nekhti entra dans la pièce, soutenu par ses esclaves. Son visage demeura imperturbable comme si cette nouvelle mort ne le surprenait pas. Il ne versa pas une larme.

- Le médecin te parle, fit-il remarquer à Alexandros.

Le Macédonien s'excusa.

- Je pensais précisément à ce qu'il venait de dire. Ses remarques sont intéressantes.

- Quelles remarques ?

- Au sujet du corps de Khoufou.

- C'est moi qui préviendrai mon fils, dit Nekhti. Ce ne sera pas une tâche aisée.

- Et Abi ?

- Abi aussi, soupira Nekhti.

*

Quand il pénétra dans le jardin de Zénodote, Alexandros était consterné. Il se rendit à sa table de travail et rédigea la lettre qu'il avait promis d'écrire au comarque. « Le malheureux Koblos aura bien besoin d'un soutien. Si je peux lui apporter un peu de satisfaction au milieu de tous ses malheurs... », se dit-il en prenant son nécessaire d'écriture. Il traça ses lettres avec application, pesant chaque mot.

« Alexandros au comarque Python de la région de Thèbes.

Le pharaon Ptolémée, mon père, m'a informé que tu allais te retirer dans la maison qu'il met à ta disposition pour passer tes vieux jours. Il a choisi, sur mes conseils, un homme très compétent pour te succéder. Cet homme, courageux et honnête, s'appelle Sétoui. Tu le connais car il s'agit du doux fils de Koblos qui a toujours été en règle avec l'État. »

Il partira bientôt pour Thèbes afin que tu lui apprennes les règles de l'art. Le pharaon souhaiterait le voir un jour devenir stratège. Peut-être même pourra-t-il accéder aux plus hauts postes de l'État et servir le pharaon à la cour.

Puisse-t-il devenir aussi compétent que tu l'es. »

Quand il rangea le roseau avec lequel il écrivait, Héléna pénétra dans la chambre. Alexandros ne l'entendit pas tant il était absorbé par ses pensées. La tête entre ses bras, il réfléchissait. Sur cette table où il travaillait le plus souvent possible, il avait déjà mis par écrit tout ce qu'il avait observé sur les artisans, les paysans, les prêtres de Haute Égypte. Pas une réflexion qui ne fût scrupuleusement notée.

Alexandros relut sa lettre. Il hésitait à rouler le papyrus et à l'entourer d'un ruban avant de le confier à un coursier.

– Koblos doit savoir très exactement ce que j'ai écrit, dit-il. Je la ferai partir ensuite sans tarder.

– Tu travailles encore ? demanda Héléna.

– Tu étais là ? Je ne t'avais pas entendue...

Il fut une nouvelle fois ébloui par la finesse et la blancheur de la peau d'Héléna, par la tranquillité et la clarté de son regard, qu'elle tenait de sa mère.

– Non, je ne travaillais pas. J'écrivais au comarque.

– Pour Sétoui ?

– Oui, pour ton cousin bien-aimé.

Héléna se jeta à son cou.

– Mon oncle t'en sera tellement reconnaissant !

Il eut un sourire triste.

– Ton parfum sent si bon, lui dit-il.

– Mon parfum ? Depuis quand te préoccupes-tu de mon parfum ?

– Je ne m'étais jamais rendu compte qu'il était aussi capiteux. Si tu te promenais sur le chemin menant aux tombeaux, je pourrais te suivre à la trace.

– Toutes les fleurs d'ici sentent bon, dit Héléna en riant. Comme en Grèce. Mais pourquoi me regardes-tu ainsi ?

– Parce que je pense à Tyi.

– A Tyi ?

– Héléna, un nouveau drame vient de se produire.

La jeune femme étouffa un cri.

– Sétoui ?

– Non, répondit Alexandros, sois tranquille. Ton cousin dort tranquillement sur sa couche. Mais Khoufou a été tué.

Héléna porta ses deux mains à sa bouche.

– Ce n'est pas possible !

– Si, hélas !

– Mais Khoufou…

– Khoufou pouvait être l'agresseur de Sétoui. C'est à cela que tu penses, n'est-ce pas ? Sans vouloir te l'avouer, tu y as songé…

– Oui, je le reconnais. Je trouvais qu'il devenait de plus en plus arrogant. Khoufou n'a jamais fait preuve de sentiment. Il était trop ambitieux.

– J'ai pensé de même et je ne suis pas le seul. Je suis persuadé que Ramsès le soupçonnait. Il est trop subtil pour ne pas saisir ce qui se passe dans la tête de chacun de nous. Nekhti aussi a bien dû l'envisager.

Comme si elle se rendait soudain compte qu'elle ne reverrait plus Khoufou vivant, Héléna se mit à pleurer.

– Que nous arrive-t-il ? Qui en veut à mon oncle ? Un jaloux, un concurrent ?

– Peut-être faut-il chercher plus près.

– Et si, toi aussi, tu étais tué ?

Elle se mit à trembler et se blottit contre lui.

– Nous ne risquons rien pour l'instant, dit Alexandros.

– Comment peux-tu en être si sûr ?

– J'ai compris bien des choses…

– Qu'as-tu donc compris et pourquoi fixes-tu ton regard sur moi de cette manière ?

Alexandros lui caressa les cheveux.

– Si je ne me trompe pas, je pense qu'en restant ici, nous ne risquons rien. Du moins pas avant quelques jours. Mais après… Il faudra peut-être envisager de partir.

Héléna le supplia de lui révéler ce qu'il savait.

– Il n'en est pas question. Si tu savais, ta vie serait en danger. Je n'ai que des soupçons, et des soupçons, j'en avais aussi au sujet de Khoufou.

Héléna se remit à sangloter. Alexandros embrassa sa chevelure et respira profondément son parfum. Il était conscient que chaque drame éloignait Héléna de son enfance comme il avait autrefois perdu la sienne, et rien n'était plus difficile à vivre que la disparition d'une période pendant laquelle s'étaient enchaînés des événements heureux.

22

Les funérailles de Khoufou eurent lieu en même temps que celles de Didou.

Pendant deux mois, Alexandros n'avait parlé à personne de ses soupçons. Convaincu que l'assassin faisait partie de la famille, il observait, attentif à la moindre réflexion ou au moindre geste inhabituels.

Le jour de l'enterrement, Héléna insista pour aider Abi à se préparer. Sa froideur l'inquiétait. Elle était persuadée que ce manque de réaction cachait une peine immense. « Quand elle prendra conscience de sa solitude, ce sera terrible », disait-elle en imaginant quelle serait sa souffrance si elle perdait Alexandros.

- C'est gentil de venir m'aider, lui dit Abi, mais ce n'était pas nécessaire. Depuis que mon époux nous a quittés, je suis enfin libre d'organiser mon temps comme je le souhaite. Il donnait des ordres sans arrêt et tout devait être comme il le voulait du matin jusqu'au soir.

– Tu connaissais le caractère de Khoufou lorsque tu l'as épousé. Tu l'aimais ainsi. S'il avait été doux et attentionné comme Sétoui, il ne t'aurait pas plu.

– Sétoui n'est guère à la hauteur, il faut bien le dire ! Tyi le répétait assez souvent et elle avait raison !

– Saurais-tu quelque chose au sujet de sa mort ? demanda aussitôt Héléna.

Abi la regarda avec suspicion.

– Pourquoi voudrais-tu que je sache quoi que ce soit ?

– Vous vous parliez tous les jours…

– Nous parlions des enfants et de nos maris, c'est tout. Voilà pourquoi je sais exactement comment Tyi jugeait Sétoui.

– Comment ?

– Comme un faible et un mou. Il la décevait. Elle aurait tant voulu qu'il s'imposât.

– Sétoui est naturellement bon, répondit Héléna en colère. Pourquoi personne ne sait-il l'apprécier ici à sa juste mesure ?

Abi se moqua d'elle.

– Ainsi donc, ce que m'a dit Nahouri est vrai. Tu es amoureuse de Sétoui !

Héléna se révolta.

– Comment oses-tu dire cela alors que j'aime Alexandros de toutes mes forces ? Quand

Nahouri t'a-t-elle parlé de cela ? Vous n'aviez aucune complicité ! Tu l'aurais donc revue ?

Abi se récria.

– Certainement pas. Mais elle ne t'appréciait guère et il lui arrivait fréquemment de se moquer de toi et de Sétoui. Elle prétendait que ton cousin te considère étrangement. Il te dévore des yeux.

Héléna rougit.

– On m'a déjà fait cette remarque, dit-elle.

Contre toute attente, Apouy entra dans la pièce avec la même désinvolture que s'il regagnait sa propre chambre. Abi rougit plus encore qu'Héléna qui demeura interloquée. La jeune femme s'apprêtait à remettre Apouy à sa place en lui donnant une leçon de politesse quand elle s'aperçut qu'Abi ne s'en formalisait aucunement.

Apouy emporta une petite table qu'Abi destinait au tombeau de son époux et il sortit sans saluer Héléna, qui s'en offusqua.

– Pourquoi t'étonnes-tu ? lui demanda méchamment Abi. Alexandros a écrit au comarque pour aider Didou et Sétoui, mais il n'a pas levé le petit doigt pour Apouy.

– Prendrais-tu maintenant le parti d'Apouy ? s'étonna Héléna.

Abi la regarda avec arrogance.

– Apouy est aussi malin que l'était Khoufou, mais il est plus tendre. Si je devais me remarier, je choisirais un homme comme lui.

Héléna aida Abi à rassembler les objets personnels de Khoufou sans ajouter un mot.

– Et pourquoi pas Sétoui ? demanda-t-elle finalement. C'est tout de même l'aîné.

– Sétoui sera tué, répondit Abi.

Héléna la regarda, consternée.

– Comment peut-on dire de telles horreurs avec un pareil calme ?

Abi haussa les épaules et reprit son travail.

*

Au moment où le cortège avançait lentement jusqu'au tombeau, un fonctionnaire chargé de la sécurité vint glisser quelques mots à l'oreille de Koblos.

– Khat et Nahouri au même endroit ? s'exclama Koblos. Par les dieux tout-puissants, j'espérais tant revoir Nahouri !

Apouy s'approcha de son père.

– Que se passe-t-il ? murmura-t-il.

– Khat et Nahouri ont été retrouvées mortes dans les marais, là où Tyi s'est noyée…

– Ont-elles été tuées ?

Koblos laissa le fonctionnaire répondre.

– Pour l'instant, nous n'en savons rien. Les corps ont été ramenés sur la rive. Un prêtre a reconnu les bijoux de Nahouri alors que je cherchais à identifier le corps, à l'affût d'une inscription ou d'une dédicace sur un bracelet ou un collier. J'ai moi-même identifié la servante. Elle venait souvent au marché en compagnie de Tamit.

Koblos dut arrêter sa marche. Héléna le fit asseoir sur une pierre. Elle le trouva vieilli.

- Je suis las de ces épreuves, dit-il. Si la vie continue ainsi, je préfère, moi aussi, rejoindre dès aujourd'hui le royaume d'Osiris.

Nekhti s'assit à côté de lui.

- Mon fils, les dieux t'envoient mille maux. Tu dois cependant affronter sans faiblir les épreuves de la vie car il te reste deux fils jeunes et courageux.

Les membres de la famille avaient fait cercle autour de Koblos. Il y avait là les parents d'Héléna, Sétoui qui avait tenu à assister aux funérailles de ses frères, Apouy qui se tenait fièrement à côté de son père comme s'il eût été son seul héritier, Abi qui tenait par la main sa petite fille et qui ne montrait pas plus d'émotion que si elle l'eût emmenée en promenade, Héléna qui cherchait ses mots pour consoler son oncle.

Sous un masque d'affection, Tamit souriait de satisfaction. Égal à lui-même, Ramsès se montrait réfléchi et calme. Et, tout en observant chacun d'entre eux, Alexandros se disait qu'il y avait certainement un assassin parmi eux.

- Mon cher père, dit Koblos après quelques instants d'un pesant silence, jusqu'à quand mes fils seront-ils encore près de moi ?

- Ne perds pas confiance, dit Alexandros. L'assassin a bien failli se faire prendre. Le médecin nous a dit qu'étant donné la souplesse et la chaleur du corps de Khoufou, celui-ci avait été agressé depuis peu. Héléna aurait pu le prendre sur le fait.

- La souplesse du corps, répéta Nekhti en regardant Alexandros.

Le Macédonien comprit que le vieil homme avait entendu son message. Il observa aussitôt les visages de ceux qui entouraient Koblos.

- Qui se trouvait alors dans la maison ? demanda Koblos à sa nièce.

- Tamit.

La nourrice se récria.

- Vous n'allez tout de même pas m'accuser !

Sétoui vint à sa rescousse.

- Mais non, Tamit, personne ne t'accuse. Ce serait ridicule. Tu n'étais pas seule dans la maison. J'y étais aussi. Et puis, il devait y avoir Nekhti, comme d'habitude.

Comme personne ne répondait, Nekhti dit au bout d'un long silence.

- Certes. Mais je ne peux marcher seul et Sétoui dormait. Lui non plus ne pouvait se mettre debout.

Tamit se jeta aux pieds de Koblos.

- Maître, dit-elle, tu as toujours eu confiance en moi. Crois-moi quand j'affirme que je n'ai jamais agi contre ta famille.

Koblos lui prit la main.

- Mais bien entendu, lui dit-il doucement. Calme-toi et sèche tes larmes. Nous allons accompagner nos morts décemment. Puis nous réfléchirons à tout cela.

Dès que le cortège se remit en route, Nekhti s'approcha d'Alexandros.

- Laissons-les avancer, lui dit-il.

Quand les autres furent à une bonne distance, Nekhti interrogea Alexandros.

- Depuis quand as-tu compris ?

- Depuis peu. Je n'ai toutefois aucune preuve et je ne parviens pas à tout expliquer.

A l'expression des visages qui s'étaient tournés vers lui lorsqu'il avait parlé, Alexandros était pourtant sûr de ne pas se tromper. Une personne de l'assistance avait frémi, qui, seule avec Nekhti, avait compris le sens caché des mots qu'il prononçait. Cette personne était-elle complice de l'assassin ? Avait-elle elle-même tué ?

- Tu es en danger, murmura Nekhti.

- Je ne le crois pas, lui répondit Alexandros. Après tout, rien ne prouve que je voulais déclencher une réaction en prononçant de telles paroles.

- Mais si furtive qu'elle fût, tu en as déclenché une.

Alexandros s'étonna du don d'observation du vieil homme.

– Si je marche avec difficulté, mes yeux voient encore très clair !

– Prends garde qu'ils ne te desservent et qu'ils ne deviennent l'instrument de ta propre mort, dit Alexandros. Il vaut mieux feindre de ne rien savoir.

– Ce n'est guère mon avis ! Je n'ai jamais refusé de regarder la réalité en face. Pour en avoir le cœur net, nous devons mettre un plan au point !

– Sois patient et laisse-moi faire, répondit Alexandros. J'ai une idée. Mais, en attendant, promets-moi de ne pas te montrer imprudent.

Nekhti bougonna.

– Soit ! finit-il par dire. Mais ce n'est pas de gaieté de cœur.

23

Héléna ne dormit guère de la nuit. Au petit matin, sa décision était prise. Elle ordonna à sa servante de préparer ses bagages.

- Que fais-tu ? lui demanda sa mère, surprise.

- Nous partons. Alexandros est le fils du pharaon. Je sais qu'il dirigera un jour ce pays. Je ne veux pas que sa vie soit en danger.

Létho courut aussitôt à la recherche d'Alexandros.

- Il s'apprête à partir avec Sétoui, lui dit Zénodote.

Létho les appela tous les deux avant que leur chariot ne s'ébranlât.

- Vous devez raisonner Héléna. Elle veut quitter la région aujourd'hui. Ce n'est pas raisonnable !

Alexandros sauta à bas du véhicule et pria Sétoui de le suivre.

– Viens avec moi. Tu sauras sans doute la convaincre.

Sétoui fit une moue dubitative.

– Allons, Héléna, dit Alexandros en serrant la jeune femme contre lui. Je te promets que tu ne risques rien. Sétoui te le dira comme moi. Sa vie est plus exposée que la mienne ou la tienne.

– Je ne sais plus, répondit Héléna. J'ai beaucoup réfléchi à la situation. Abi me paraît tellement redoutable !

– Abi ? s'étonna Sétoui.

– Oui. Je me demande si elle ne prépare pas quelque mauvais coup avec Apouy.

– Je t'en conjure, Héléna, ne rajoute rien, lui dit Alexandros, et surtout cesse de penser à tout cela. Tu pourrais prononcer une parole qui te serait fatale alors que tu n'es pas en danger.

– Il faut être prudent, renchérit Sétoui. Les murs ont parfois des oreilles. Ne dis du mal ni d'Abi ni de Tamit. Aujourd'hui, Alexandros va m'accompagner aux champs car je me sens encore un peu faible. Reste chez ton père et cesse de parler à tort et à travers.

– Ce n'est pas mon habitude, répondit Héléna.

– Je le sais. Nous profiterons d'être seuls aux champs pour envisager un plan, dit encore Sétoui.

Alexandros serra sa femme contre lui.

– Je suis désolée de m'être laissée aller, lui dit-elle. J'ai été stupide.

Alexandros sourit et déposa un baiser sur ses lèvres.

- Nous ne savons plus où nous en sommes, dit-il. N'est-ce pas naturel avec tous ces horribles malheurs ?

Sétoui s'approcha, lui aussi, de sa cousine.

- Rappelle-toi que nous t'aimons et que nous veillons sur toi, Héléna, lui dit-il. Nous allons faire en sorte qu'il n'y ait plus ici de nouvelles morts.

- Partez tranquilles, dit-elle. Vous m'avez convaincue. En votre absence, je vais mettre en ordre la documentation d'Alexandros.

Le Macédonien la remercia.

- Sans toi, que deviendrais-je ? lui dit-il.

*

Alexandros et Sétoui revinrent au début de l'après-midi.

Paros avait vivement recommandé à Sétoui de ne pas s'attarder.

Héléna attendait Alexandros avec impatience. Il lui était pénible de rester inactive alors que son époux semblait en savoir davantage qu'elle sur les événements.

Sa mère lui apporta un verre de vin miellé.

- Je suis heureuse d'être enfin seule avec toi, lui dit-elle. Je voulais savoir si tout allait bien avec ton mari.

Héléna lui raconta comment ils vivaient à Philippi.

- Tu l'encourages à devenir pharaon, lui dit-elle. Mais as-tu bien pesé le pour et le contre ?

- Rassure-toi, je n'ai pas pris ma décision à la légère.

- Et Alexandros, qu'en pense-t-il ?

- Je crois qu'il est de plus en plus convaincu que j'ai raison, même s'il n'ose se l'avouer, répondit-elle.

- Ne devait-il pas rentrer cet après-midi ?

- Oui, mais il doit encore interroger Koblos sur des points de détail qui lui tiennent à cœur.

- Je plains le frère de ton père. Il est si malheureux !

Héléna soupira.

- Le pauvre n'avale plus rien. Il passe son temps à l'ombre des sycomores à réfléchir toute la journée.

Malgré les recommandations d'Alexandros, la jeune femme se leva et jeta un châle sur ses épaules.

- Où vas-tu ? lui demanda sa mère.

- Chez Koblos. Il faut que je sache ce qui se passe. Je ne veux pas être ainsi tenue à l'écart. J'ai beau réfléchir et réfléchir encore, je n'y comprends rien.

- Sois prudente, Héléna. Ton père se fait beaucoup de souci.

Héléna promit à sa mère de revenir vite. Elle traversa le jardin en courant presque et rejoignit son oncle qui fixait la pièce d'eau, les yeux dans le vague.

- Ah ! te voilà ! lui dit-il comme si la seule présence de sa nièce lui réchauffait le cœur.

- Il n'y a aucun bruit ici. Où est Alexandros ? Je le croyais avec toi.

- Il l'était. Il vient juste de monter au village. Tamit lui a remis un message avant d'aller au marché.

- Au village ? s'étonna Héléna. Mais il ne m'en a rien dit !

- Sans doute est-il parti faire une simple course. Il n'en aura pas pour longtemps, sinon il t'aurait prévenue. Peut-être a-t-il été voir où en était la construction du gymnase que Ptolémée a décidé de faire construire près du temple ? Il se plaint de ne pouvoir faire du sport comme à Philippi.

- Et Ramsès ?

- Il est en plein travail. Comme il est persuadé qu'un artisan nous vole de l'or, il souhaitait refaire ses comptes au calme. Il se trouve chez lui.

- Et tu gardes les enfants d'Abi…

- Oui. Abi est partie acheter quelques robes.

- Alors qu'elle est en deuil ?

Koblos haussa les épaules.

- J'imagine qu'Apouy se trouvait avec elle.

- Non, répondit Koblos. Pourquoi dis-tu cela ? En fait, je ne sais pas où il est. Le médecin est venu soigner Sétoui. Ton cousin va mieux. Il n'était que temps car je me sens incapable d'aller aux étables ou aux champs. Sétoui a beaucoup apprécié la démarche d'Alexandros. Il éprouve pour lui l'affection d'un frère.

- J'en suis heureuse, répondit Héléna, les yeux brillants. Sétoui doit se montrer à la hauteur et ne pas décevoir le comarque. Quand partira-t-il pour Thèbes ?

- Le plus rapidement possible. Mais il ne s'agira que d'une première rencontre.

- J'ai confiance, lui dit Héléna. S'il est intelligent, le comarque saura juger Sétoui.

Héléna et Koblos se turent. Tous deux pensaient aux récents incidents.

- Si je meurs, dit Koblos, Ramsès se chargera de mettre le domaine sous séquestre. Quand le roi aura fait vérifier les droits de Sétoui et d'Apouy, il confiera la gestion de cette terre et ma *dorea*[1] de Philae à celui de mes deux fils qui lui semblera le plus compétent.

- Tu vivras très vieux, mon oncle, lui dit Héléna en l'embrassant tendrement. Je vais aller voir si je trouve Alexandros.

1. Domaine confié par le roi aux grands personnages.

24

Héléna partit d'un bon pas en direction du village. Toutefois, en chemin, alors qu'elle n'y avait pas prêté jusque-là attention, elle se rendit compte qu'elle était seule et que le sentier était désert. Elle jeta derrière elle de fréquents coups d'œil inquiets en accélérant le pas. Le soleil était encore chaud. Il lui sembla, cependant, plus brûlant qu'il n'était. « Allons, calme-toi, se dit-elle. Tu te fais des idées. Ce parcours n'a jamais été dangereux. » Mais elle avait beau se raisonner, son inquiétude allait grandissant.

Elle s'arrêta à plusieurs reprises après avoir cru entendre des pas derrière elle. Elle revit alors le visage mort de Tyi, celui de Didou sauvagement assassiné, ceux de Khat et de Nahouri horriblement défigurés.

– Par Sérapis, je serai la prochaine victime, murmura-t-elle. Mais qui pouvait prévoir que je serais sur ce chemin à cette heure ? Je ne le savais pas moi-même !

Seul Koblos était au courant.

- Non ! murmura-t-elle. Koblos n'est pas un assassin. Koblos ne tuerait pas ses enfants... à moins d'être fou.

Héléna respira profondément pour se donner du courage. Elle sentit à cet instant quelqu'un la retenir par son châle et elle poussa un cri.

- Je suis stupide ! dit-elle. Ce n'est que cette laine qui s'est accrochée à une branche d'olivier !

Il lui restait une petite colline sablonneuse à contourner pour apercevoir le village. Il lui faudrait ensuite grimper légèrement. Elle se retourna une dernière fois.

- Non, décidément, il n'y a personne derrière moi. Courage ! Je suis bientôt arrivée !

Quand elle parvint aux abords du marché qui battait son plein sur la place publique, Héléna poussa un soupir de soulagement. Tandis qu'elle reprenait son souffle, son attention fut immédiatement attirée par un groupe de Grecs qui parlaient vite et fort. La plupart faisaient de grands gestes. Il ne s'agissait pas de marchands. Le ton amical des vendeurs d'étoffes ou de denrées n'avait rien de commun avec ces éclats de voix catastrophés.

Héléna eut la désagréable impression qu'il était arrivé un nouveau malheur. Son cœur se mit à battre plus vite. Elle pria les dieux de protéger Alexandros.

– Que se passe-t-il ? cria-t-elle à un homme qui discutait ferme avec un fonctionnaire de la sécurité.

– Une femme s'est évanouie alors qu'elle faisait son marché, lui répondit-il avant de reprendre sa discussion.

Il expliquait avec force détails comment la femme était tombée.

Héléna se pencha et reconnut la tunique safran de Tamit.

– Connaissez-vous cette femme ? demanda le fonctionnaire à Héléna en voyant que celle-ci tentait de se frayer un chemin au milieu de la foule.

– Oui, je la connais, répondit Héléna en se penchant vers Tamit. Elle travaille pour mon oncle Koblos.

– Pour Koblos ? En es-tu sûre ? Je ne l'ai jamais vue ici.

– Parce qu'elle envoie souvent d'autres servantes au marché et que tu dois être là depuis peu. Mais je puis t'affirmer qu'elle s'appelle Tamit et qu'elle est au service de mon oncle.

Héléna tapota les joues de la nourrice qui sembla reprendre ses esprits.

– J'ai eu peur, lui dit Héléna. Je te croyais…

– Tu me croyais morte ? lui répondit faiblement Tamit.

– Avec ce qui se passe en ce moment…

– Ne t'excuse pas. J'ai seulement bu un peu de vin avant de partir. Il a dû me tourner la tête. Je ne suis pas habituée à boire du vin. La bière ne me fait pas un tel effet !

Héléna l'aida à se relever.

– Comment va-t-elle ? demanda le fonctionnaire en se précipitant vers Tamit qui tentait de faire quelques pas.

– Je vais mieux, dit-elle, agacée.

– Ce petit ânier va te reconduire au domaine, lui dit Héléna.

– Non. Le médecin habite à deux pas. Emmène-moi chez lui. Il me donnera une potion pour soigner ces crampes d'estomac qui me déchirent le corps.

– Comme tu voudras.

Tamit s'appuya sur le bras d'Héléna.

– Maudites douleurs ! jura Tamit. J'avais l'intention de préparer un bon repas pour Koblos.

– Tu t'occupes beaucoup de lui.

– Et je m'occuperai de lui chaque jour désormais. Il me l'a demandé.

*

En arrivant devant la maison du médecin, Héléna s'étonna de trouver la porte ouverte. L'assistante était absente. Toutes deux entrèrent, surprises de ne trouver personne au rez-de-chaussée.

Héléna abandonna Tamit sur un tabouret.

- Attends-moi là. Je vais voir si Paros se trouve au premier étage.

Tamit approuva de la tête. Mais Héléna n'avait pas plus tôt monté les premières marches de l'escalier qu'elles perçurent un bruit de lutte au-dessus de leur tête. Le médecin apparut par l'encadrement d'une porte en appelant au secours.

Héléna se précipita vers lui.

- Par Osiris ! Qui vous a fait cette blessure au cou ?

Paros toussa et montra le bout d'une corde.

- On a essayé de vous étrangler ! s'exclama Héléna.

Ne pouvant parler, le médecin approuva de la tête.

- Qui ? demanda Héléna en regardant vers le premier étage. Ces hommes-là, au-dessus ?

- Alexandros..., répondit le médecin en hoquetant et en portant sa main autour de son cou meurtri.

- Alexandros ?

Héléna monta l'escalier à toute vitesse. Alexandros se battait sur le sol avec Sétoui. Habitué à la lutte, il eut tôt fait de maîtriser son adversaire. Sétoui gisait ventre à terre. Alexandros lui tint les deux mains réunies dans le dos.

– Alexandros ! Peux-tu m'expliquer ce qui vous arrive ? s'exclama Héléna. Lâche-le !

– Non, Héléna, répondit le Macédonien. Je ne le lâcherai pas. Ton cousin est bien trop dangereux !

Héléna regarda son époux avec stupéfaction.

– Es-tu devenu fou, Alexandros ?

– Non, hélas. Et Sétoui ne l'est pas non plus. Il sait très bien ce qu'il fait. Ton cousin est un assassin !

Comprenant ce que son époux voulait dire, Héléna tomba à genoux.

– Ainsi donc, dit-elle, Sétoui est responsable... de tout ?

Elle demeurait interdite, incapable d'accepter cette version des faits.

Alexandros ligota les mains et les pieds de Sétoui avec des cordes que lui apporta Paros. Puis il se précipita vers Héléna qui se releva.

– Sétoui, mon cher Sétoui, mais c'est impossible !

– Au contraire, Héléna. C'est tout à fait possible, hélas !

– Je ne comprends pas.

– Je t'expliquerai tout.

– Mais comment as-tu deviné ? Qui te l'a dit ?

– C'est une longue histoire.

– Tu oublies que Sétoui a été agressé.

– Ton cousin n'a jamais été poignardé. Jamais ! Il s'est lui-même blessé pour détourner les soupçons.

- Mais nous l'avons trouvé inconscient !

- Sans doute avait-il bu une potion propre à endormir les sens.

- Comment aurait-il tué Khoufou alors qu'il lui était impossible de se lever ? Il n'aurait jamais eu la force de frapper ! Khoufou était un solide gaillard !

- Sétoui feignait probablement d'être plus faible qu'on ne le pensait pour mieux agir.

- Le médecin l'avait deviné. Voilà pourquoi Sétoui a tenté de le tuer…

- Pas tout à fait. Je savais que Sétoui s'en prendrait au médecin et j'ai moi-même provoqué cette agression. Souviens-toi du jour où l'on a enterré Didou et Khoufou…

- Jamais je ne l'oublierai.

- Ce jour-là, nous avons appris que les corps de Nahouri et de Khat avaient été retrouvés.

- En effet.

- Koblos s'est assis et nous avons fait cercle autour de lui pour l'entourer de notre amour.

- Je m'en souviens.

- J'ai alors rappelé les paroles du médecin parlant de la souplesse et de la chaleur du corps de Khoufou lorsque tu l'avais retrouvé mort.

- Tu as même ajouté qu'il s'agissait là d'une preuve que Khoufou avait été agressé depuis peu et que j'aurais pu surprendre l'assassin en pleine action.

- C'est exact. Cette remarque n'a pas échappé au subtil Nekhti qui a compris ce que je voulais dire. Depuis ce jour, je craignais pour la vie de ton grand-oncle. Quand j'ai prononcé ces paroles en insistant sur chaque mot, j'ai observé le regard de chacun d'entre vous. Un seul a réagi. Sa réaction fut brève et je n'étais pas sûr de mon fait.

– Mais tu ne t'étais pas trompé...

– Hélas ! non. Rappelle-toi quand on a retrouvé le corps de Tyi. Il était dur. Tyi était morte depuis plusieurs heures.

– Mais elle a appelé Sétoui au secours et Sétoui s'est précipité pour la sauver. Il est arrivé trop tard.

– Non. Sétoui a effectivement prétendu qu'il avait vu Tyi se débattre dans l'eau et nous l'avons vu se précipiter à son secours. En réalité, Tyi était morte depuis longtemps. Sétoui l'avait tuée avant de revenir sur les lieux du crime. Il s'agissait d'une mise en scène. Une seule personne pouvait un jour révéler la supercherie : Paros.

– Mais pourquoi Paros n'a-t-il rien dit quand Tyi a été retrouvée ?

– Jamais nous ne lui avons raconté que Tyi était en train de se noyer lorsque nous l'avons retrouvée. Je n'ai évoqué ce détail qu'avec Ramsès, ce que Sétoui ignorait heureusement. Mais il aurait pu arriver que l'on en reparlât un jour. A ce moment-là, Paros aurait réagi. Sétoui devait donc l'empêcher de parler à tout jamais et c'est lorsque j'ai prononcé ces mots sur la souplesse et la chaleur du corps de Khoufou que Sétoui a compris qu'il pouvait un jour être démasqué. Ramsès a dû deviner bien des choses car il a été médecin avant d'être scribe...

- Mais toi, tu étais également en danger !

- Quand j'ai prononcé ces phrases, Sétoui m'a regardé pour voir ma réaction. J'ai tenté de rester impassible. Comme je suis ensuite intervenu pour lui auprès du comarque, il a pensé que je n'avais pas fait le rapprochement avec Tyi. D'ailleurs, nous ne nous sommes pas attardés auprès d'elle. Seul un médecin pouvait établir un pronostic sur le moment où Tyi avait été tuée.

- Voilà pourquoi tu t'es pressé de rédiger cette lettre et de faire en sorte que Sétoui soit informé. Mais rien ne dit que Sétoui ne s'en serait pas pris à toi ou à moi.

- C'était un risque à courir.

Héléna s'agenouilla auprès de son cousin et le regarda avec pitié.

- Sétoui, répéta-t-elle, mon cher Sétoui, toi que j'aimais tant ! Pourquoi as-tu fait tout cela ?

Elle se tourna de nouveau vers son époux.

- Oui, pourquoi ?

- On a beaucoup dit que les drames s'étaient multipliés depuis l'arrivée de Nahouri et qu'elle en était la cause...

– C'est un fait.

– Non. En réalité, ce n'est pas l'arrivée de Nahouri qui a tout bouleversé, mais notre arrivée.

– Notre arrivée ?

– Je me suis renseigné sur Nahouri. J'ai envoyé un message à mon père et l'ai prié de faire enquêter à son sujet. « Inutile, m'a-t-il répondu. Nahouri est la demi-sœur de Scopas. »

– De Scopas, l'homme qui t'a agressé verbalement à la cour ?

– Oui. Cela paraît incroyable quand on sait comment certains Grecs repoussent les indigènes. Or, non seulement Scopas adorait sa demi-sœur Nahouri, mais il prend le parti des Égyptiens. Il vénère Satit et Anoukit plutôt qu'Héra et Hestia, l'Horus-Faucon plutôt qu'Apollon, Amon plutôt que Zeus, Hathor de préférence à Aphrodite. Il se rend souvent en Haute Égypte, qui est la région la moins hellénisée du pays, pour provoquer des émeutes, gagnant à sa cause des Mysiens et des Perses installés en Égypte. Les Égyptiens ont fait leur choix. Après mon père, ils veulent le jeune Ptolémée. Je ne suis qu'une entrave à leur désir. Les deux hommes qui ont lancé un trait sur moi à Memphis étaient des hommes de main de Scopas. Ils ont également cherché à m'atteindre lorsque je me suis éloigné d'ici pendant quelques jours.

– Tu ne m'en avais rien dit !

– Je ne voulais pas t'inquiéter. Mais j'ai mené ensuite une petite enquête.

– Voilà pourquoi tu es rentré si tôt et que tu ne t'es plus éloigné du domaine après ce court voyage vers le sud.

– Oui. Je voulais aussi rester près de toi pour te protéger en cas de nécessité. Scopas a rencontré sa demi-sœur à Memphis. Lorsqu'il a compris que Koblos était amoureux d'elle, il a tout de suite imaginé comment il pouvait utiliser cet atout. Il l'a informé de son plan de me supprimer si je décidais de succéder à Ptolémée. Nahouri devait le tenir au courant de mes intentions. Il était inutile de me tuer si je rentrais en Macédoine. En revanche, si j'acceptais de succéder à mon père, il fallait par tous les moyens nous empêcher de retourner à Alexandrie.

– Lorsque tu es revenu de voyage, j'ai effectivement vu Nahouri avec des étrangers. Koblos nous a dit lui-même qu'elle aimait se promener au bord du Nil. Elle y donnait rendez-vous à son frère et le renseignait sur l'évolution de la situation.

– Ou à ses hommes de mains… Or, nous avons plusieurs fois évoqué le fait que je serais un jour pharaon. Tu le disais volontiers.

– Si j'avais su, répliqua Héléna, je me serais tue.

- Tyi et Sétoui avaient sans doute surpris une conversation qui leur laissait penser que ma vie était en danger. Or, leur plan était simple. Tyi avait toujours été ambitieuse. Sous une apparence de douceur et d'humilité, Sétoui ne l'est pas moins. Tous deux ont immédiatement compris ce qu'ils pouvaient tirer de ma présence ici. Quiconque cherchait à me nuire entravait leurs projets. Ils ont donc supprimé Nahouri.

- Mais comment as-tu compris tout cela alors que je n'ai pas eu le moindre soupçon ?

- Par un concours de circonstances. J'ai un jour entendu Nekhti avancer que Tyi était peut-être morte parce qu'elle avait surpris une conversation, parce qu'elle en savait trop, et qu'Abi était en danger si Tyi s'était confiée à elle. Pour la première fois, Nekhti me paraissait vraiment soucieux, comme si Tyi avait connu quelque secret d'État. Il disait que son caractère s'était modifié à cause de cela, qu'elle était consciente de savoir des secrets lourds à porter. Nekhti n'était pas loin de la vérité. Il se doutait qu'il y avait là-dessous un lien avec moi. Il se souvenait des hommes qui étaient venus rôder sur le domaine, ces mêmes hommes qui m'avaient agressé à Memphis.

- Mais si Tyi et Sétoui étaient complices, pourquoi Sétoui a-t-il tué Tyi ?

Sétoui éclata d'un rire nerveux.

– Parce que cette idiote avait peur de son ombre depuis qu'elle m'avait vu tuer Nahouri ! Son comportement était si différent de celui que nous lui connaissions qu'elle risquait de tout faire échouer.

– Ne pouvais-tu épargner Didou et Khoufou ? Et la jeune Khat ?

– Cette sotte avait tout vu. Nekhti aurait bien réussi à la faire parler. Quant à mes frères... Il n'y a pas de place pour deux dans un héritage. A la mort de père, le pharaon décidera à qui reviendra le domaine. Je savais aussi qu'il n'y a qu'une place de comarque à Thèbes. En nous recommandant Didou et moi, Alexandros nous donnait à chacun une chance, mais il était impossible que nous fussions choisis tous les deux.

– Ne pouvais-tu lutter contre Didou en toute équité ? Si ce poste t'avait échappé, tu en aurais eu d'autres ! répliqua Héléna.

– Non, ricana Sétoui. Tant que Didou, Khoufou ou Apouy étaient en vie, je n'aurais rien obtenu.

– Voilà pourquoi j'ai écrit au comarque dès que j'ai compris que Sétoui était dangereux, expliqua Alexandros. Je tenais à ce que Koblos lût la lettre pour qu'il en informât son fils. Ainsi Apouy n'était-il plus en danger. J'ai cependant hésité à faire partir cette lettre car j'ai alors pensé que Sétoui n'aurait ensuite plus besoin de moi.

– Par Sérapis, j'ai oublié Tamit ! s'exclama Héléna en se précipitant dans l'escalier.

– N'aie crainte, lui répondit le médecin. Je l'ai soignée. Le meurtrier s'en est pris à elle parce que j'ai chargé la pauvre femme de porter un message à Alexandros.

– Mais que contenait ce message ? demanda Héléna.

– Oh ! Il disait simplement que je trouvais curieux que Sétoui ne fût pas plus valide alors que ses plaies étaient guéries depuis longtemps.

– Tamit est suffisamment futée pour avoir trouvé là une réponse à bien des questions, dit Héléna.

– Mais je n'ai pas lu ce message ! s'exclama Tamit en venant les rejoindre. Je le jure par tous les dieux !

– Qu'importe que tu l'aies lu ou pas, lui dit Alexandros. Sétoui lui non plus n'en avait pas pris connaissance. Dans le doute, il t'a frappée toi aussi. Heureusement que tu n'aimes guère le vin et que tu n'en as bu qu'une gorgée car il était empoisonné !

25

Le lendemain, Héléna se mit à la fenêtre de sa chambre et respira profondément l'air chaud qui venait du désert. Elle y décela un mélange d'odeurs estivales chères à son cœur.

Elle avait rêvé pendant toute la nuit à ces éternelles disputes qui opposaient autrefois Khoufou et Sétoui. Si Khoufou l'emportait souvent sur le terrain, Sétoui s'en tirait toujours mieux que son cadet parce qu'il était malin.

Il avait placé un bijou de Nahouri à l'endroit où on l'avait prétendument agressé. Il avait répandu des senteurs rappelant le parfum de l'Égyptienne dans le sentier que tous les membres de la famille empruntaient pour aller du domaine de Koblos aux tombeaux. Il lui était si aisé de laisser croire ainsi que Nahouri était coupable.

Létho embrassa sa fille tendrement.

– Le cauchemar est enfin terminé, lui dit-elle. Qu'allez-vous faire ?

– Rester ici et profiter de tout cela, dit Héléna en balayant du bras le paysage qui s'étalait à ses pieds. Nous partons aujourd'hui même pour Philae, mais nous serons de retour dans quelques jours.

– Faites attention à vous.

– Alexandros a écrit à son père. Scopas est déjà emprisonné à Alexandrie. Les sanctions ont été telles que personne n'osera plus s'attaquer à nous.

– Mon enfant, j'ai si peur.

– Il ne faut pas, lui dit Héléna. Le pharaon nous protège. Nous ne voyagerons que sous bonne escorte.

Un voile blanc s'étendait à l'horizon à la lisière des monts sablonneux. Héléna regarda au loin les marais où avaient été retrouvés les corps de ces femmes qu'elle avait côtoyées. Elle n'avait même pas eu le temps de les aimer.

Elle se souvint du premier pas qu'elle avait fait vers Nahouri qui avait refusé son amitié. Pourquoi se moquait-elle si souvent de son affection pour Sétoui ? « A bien y réfléchir, se dit Héléna, peut-être était-elle jalouse ? N'aimait-elle pas, elle aussi, le bon Sétoui ? Quelle femme ne l'eût aimé ? Le bon Sétoui… Nahouri lui avait-elle fait des confidences sur les plans de son frère ? L'avait-il séduite pour en savoir davantage ? Sétoui et Nahouri... S'étaient-ils aimés avant de se combattre ? » Plus Héléna y pensait, plus cette attirance entre les deux jeunes gens lui semblait évidente. Et pourtant, Sétoui lui avait renouvelé la veille son affection. Il l'aimait plus que tout, elle, Héléna, et elle ne pouvait s'empêcher de l'aimer aussi.

- A quoi penses-tu ? lui demanda sa mère.

- Te souviens-tu quand je jouais à cache-cache avec Sétoui dans les marais ? Quand nous partions en promenade ? Quand il m'emmenait en barque sur le Nil en me protégeant des crocodiles ?

- Oui, je m'en souviens comme si c'était hier, dit Létho.

- Et aujourd'hui...

- Aujourd'hui, Sétoui n'existe plus. Garde tes souvenirs, Héléna. Personne ne te volera ton enfance. Tu as été heureuse avec Sétoui. Il t'aimait et t'aurait volontiers épousée si nous n'avions vécu à Alexandrie. Ici, vous auriez grandi ensemble. Vous vous seriez aimés et il serait peut-être resté le Sétoui de tes rêves. On ne commande pas son destin. Sétoui est devenu un assassin et tu seras peut-être demain pharaonne de ce pays.

- Oui, peut-être..., murmura Héléna. Mais est-ce bien là ce que je désire vraiment ? Quel destin nous réservent les dieux ?

- Que souhaite à présent Alexandros ?

– Le chemin sera semé d'embûches, mais je crois qu'Alexandros souhaite devenir un jour pharaon.

CONCOURS
« UNE MYSTÉRIEUSE ÉGYPTIENNE »

Gagnez une croisière « Splendeurs du Moyen-Orient »

A l'occasion de la parution de *Une mystérieuse Égyptienne*, de Violaine Vanoyeke, les éditions de l'Archipel organisent un grand concours, du 19 mai au 31 août 1997.
1er et 2e prix : une croisière « Splendeurs du Moyen-Orient » pour deux personnes en Méditerranée, du 20 au 31 octobre 1997, à bord du *Costa Marina*, d'une valeur de 30 000 F. Escales à Malte, en Égypte, en Israël, en Grèce, en Turquie et en Italie. Une croisière exclusive Le Temps retrouvé. Informations : 01 40 16 46 32.
98 autres prix sont à gagner.
Comment jouer? Il vous suffit de répondre à six questions ayant trait à l'Égypte ancienne. Vous les trouverez dans le bulletin de participation inclus dans ce livre, bulletin également disponible aux éditions de l'Archipel, 4 rue Chapon, 75003 Paris (frais d'envoi remboursés sur demande).

Extraits du règlement :

Article 1 : Les éditions de l'Archipel organisent un jeu gratuit et sans obligation d'achat à l'occasion de la parution du livre de Violaine Vanoyeke, *Une mystérieuse Égyptienne*. Ce jeu est organisé avec le concours de *Télé Magazine*, la chaîne de télévision Voyage, Chérie FM et les Croisières Le Temps retrouvé.

Article 2 : Ce jeu est ouvert aux plus de dix-huit ans à l'exclusion des collaborateurs des éditions de l'Archipel et des autres partenaires.

Article 3 : Pour participer, il suffit de retourner avant le 31 août 1997 (cachet de la poste faisant foi) le bulletin-réponse complété en y indiquant lisiblement nom, prénom et adresse, à : Concours « Une mystérieuse Égyptienne », Éditions de l'Archipel 4 rue Chapon, 75003 Paris. Tout bulletin surchargé, raturé, incomplet, illisible sera considéré comme nul. Il ne sera admis qu'un seul bulletin par participant et par famille.

Article 5 : La détermination des gagnants se fera par tirage au sort par les éditions de l'Archipel, après vérification des bonnes réponses aux questions.

Article 6 : Les gagnants seront avertis personnellement par courrier, à l'issue du tirage au sort.

Article 7 : Il ne sera pas possible d'obtenir l'échange ni la contre-valeur en espèces des prix.

[illegible]

[illegible]

[illegible]

[illegible]

[illegible]

[illegible]

[illegible]

Cet ouvrage composé par
CM++, Paris,
a été achevé d'imprimer sur presse Cameron
dans les ateliers de Brodard et Taupin
à La Flèche (Sarthe)
en avril 1997
pour le compte des Éditions de l'Archipel
département éditorial de la SARL
Écriture-Communication

Imprimé en France
N° d'édition : 165 – N° d'impression : 1221S-5
Dépôt légal : mai 1997